Shakespeare's Sonnets in English & Russian

Dual Language Edition

William Shakespeare

Copyright this edition Will Jonson, 2013

ISBN: 978-1490977607

The author has asserted their moral right under the Copyright, Designs and Patents Act, 1988, to be identified as the author of this work.

All Rights reserved. No part of this publication may be reproduced, copied, stored in a retrieval system, or transmitted, in any form or by any means, without the prior written consent of the copyright holder, nor be otherwise circulated in any form of binding or cover other than that in which it is published and without a similar condition being imposed on the subsequent purchaser.

For Olya Shubina, Ольга Шубина

I

From fairest creatures we desire increase,
That thereby beauty's rose might never die,
But as the riper should by time decease,
His tender heir might bear his memory:

But thou, contracted to thine own bright eyes,
Feed'st thy light's flame with self-substantial fuel,
Making a famine where abundance lies,
Thyself thy foe, to thy sweet self too cruel.

Thou that art now the world's fresh ornament
And only herald to the gaudy spring,
Within thine own bud buriest thy content
And, tender churl, makest waste in niggarding.

Pity the world, or else this glutton be,
To eat the world's due, by the grave and thee.

I

Прекрасного мы ждем от красоты,
Чтоб роза красоты не увядала
И чтоб, роняя жухлые цветы,
Бутоны молодые раскрывала.

Свечой в огне своем себя ты жжешь,
В горящие свои влюбленный очи,
На лоно изобилья голод шлешь,
Враг сам себе, нет коего жесточе.

Ты - лишь герольд весны, цветок ее,
Которым в майский день она богата,
В себе таишь сокровище свое:
Такая скупость - сущая растрата!

Сокровище для мира сохрани -
В могиле и в себе не хорони.

II

When forty winters shall beseige thy brow,
And dig deep trenches in thy beauty's field,
Thy youth's proud livery, so gazed on now,
Will be a tatter'd weed, of small worth held:

Then being ask'd where all thy beauty lies,
Where all the treasure of thy lusty days,
To say, within thine own deep-sunken eyes,
Were an all-eating shame and thriftless praise.

How much more praise deserved thy beauty's use,
If thou couldst answer 'This fair child of mine
Shall sum my count and make my old excuse,'
Proving his beauty by succession thine!

This were to be new made when thou art old,
And see thy blood warm when thou feel'st it cold.

II

Когда твое чело, как рвами поле,
Изроют сорок зим, увидишь ты
В прекрасном красоты своей камзоле
Линялые лохмотья нищеты.

И если вопросят тебя с укором:
"Где ныне свежесть красоты твоей?"
Ответить будет для тебя позором -
Мол, канула на дно твоих очей.

Но более другой ответ подходит:
"Вот сын мой! Он меня красой лица
И прелестью натуры превосходит
Во искупленье старости отца".

Пусть в жилах кровь года твои остудят,
В наследнике она горячей будет.

III

Look in thy glass, and tell the face thou viewest
Now is the time that face should form another;
Whose fresh repair if now thou not renewest,
Thou dost beguile the world, unbless some mother,

For where is she so fair whose unear'd womb
Disdains the tillage of thy husbandry?
Or who is he so fond will be the tomb
Of his self-love, to stop posterity?

Thou art thy mother's glass, and she in thee
Calls back the lovely April of her prime:
So thou through windows of thine age shall see
Despite of wrinkles this thy golden time.

But if thou live, remember'd not to be,
Die single, and thine image dies with thee.

III

Задумайся, коль в зеркало ты глянешь:
Свой облик повторить отнюдь не блажь.
Иначе в ожиданьях мир обманешь
И женщине счастливой стать не дашь.

Где женщина, чья девственная нива
Не признает твоих хозяйских прав?
Где себялюбец, что себя спесиво
В себе хоронит, сыну отказав?

Ты - зеркало, в котором свет и радость
И дни весны для матери твоей.
И сам ты так свою былую младость
Увидишь в окнах старости своей.

Но коль живешь, забвенье возлюбив,
Умри бездетным, образ свой убив.

IV

Unthrifty loveliness, why dost thou spend
Upon thyself thy beauty's legacy?
Nature's bequest gives nothing but doth lend,
And being frank she lends to those are free.

Then, beauteous niggard, why dost thou abuse
The bounteous largess given thee to give?
Profitless usurer, why dost thou use
So great a sum of sums, yet canst not live?

For having traffic with thyself alone,
Thou of thyself thy sweet self dost deceive.
Then how, when nature calls thee to be gone,
What acceptable audit canst thou leave?

Thy unused beauty must be tomb'd with thee,
Which, used, lives th' executor to be.

IV

Зачем ты красоты своей наследство
Пустить никак не хочешь в оборот?
Не просто так дает природа средства,
Но лишь ссужает щедрым от щедрот.

На красоте своей сидишь, как скряга,
Владея, не желаешь одолжить,
С огромным капиталом ты, бедняга,
С него не хочешь на проценты жить.

С самим собою сделки заключая,
Ты доведешь себя до нищеты.
Каким итогом, смерть свою встречая,
Дни прожитые увенчаешь ты?

С тобой одна дорога - на погост
Красе твоей, что ты не отдал в рост.

V

Those hours, that with gentle work did frame
The lovely gaze where every eye doth dwell,
Will play the tyrants to the very same
And that unfair which fairly doth excel:

For never-resting time leads summer on
To hideous winter and confounds him there;
Sap check'd with frost and lusty leaves quite gone,
Beauty o'ersnow'd and bareness everywhere:

Then, were not summer's distillation left,
A liquid prisoner pent in walls of glass,
Beauty's effect with beauty were bereft,
Nor it nor no remembrance what it was:

But flowers distill'd though they with winter meet,
Lease but their show; their substance still lives sweet.

V

С большим усердьем время мастерит,
Своим искусством радуя нам око,
Но вскоре беззаконие творит,
Уродуя прекрасное жестоко.

Безудержного времени канва
Уводит лето в зиму безвозвратно,
Где соки стынут и гниет, листва,
Заснежена краса и все отвратно.

И коль цветенья ароматы те
Не заключить в стеклянные палаты,
Что мы могли б сказать о красоте,
О том, какой была она когда-то?

Пускай зимой цветы придут в упадок,
Но аромат их будет свеж и сладок.

VI

Then let not winter's ragged hand deface
In thee thy summer, ere thou be distill'd:
Make sweet some vial; treasure thou some place
With beauty's treasure, ere it be self-kill'd.

That use is not forbidden usury,
Which happies those that pay the willing loan;
That's for thyself to breed another thee,
Or ten times happier, be it ten for one;

Ten times thyself were happier than thou art,
If ten of thine ten times refigured thee:
Then what could death do, if thou shouldst depart,
Leaving thee living in posterity?

Be not self-will'd, for thou art much too fair,
To be death's conquest and make worms thine heir.

VI

Так наполняй фиал, пока цветы
Рукой зимы шершавой не побиты, -
Отдай ему богатство красоты,
Которая покуда не убита.

Такой заем не могут осудить,
Ведь сам себя получишь ты обратно,
А долг такой блаженство заплатить -
И вдесятеро, коль десятикратно.

И вдесятеро счастлив в десяти
Десятикратный ты в зерцалах этих,
Ты даже смерть смутишь в конце пути
И не умрешь, живым оставшись в детях.

Ты красотой богат, не будь упрям,
Иначе все достанется червям.

VII

Lo! in the orient when the gracious light
Lifts up his burning head, each under eye
Doth homage to his new-appearing sight,
Serving with looks his sacred majesty;

And having climb'd the steep-up heavenly hill,
Resembling strong youth in his middle age,
yet mortal looks adore his beauty still,
Attending on his golden pilgrimage;

But when from highmost pitch, with weary car,
Like feeble age, he reeleth from the day,
The eyes, 'fore duteous, now converted are
From his low tract and look another way:

So thou, thyself out-going in thy noon,
Unlook'd on diest, unless thou get a son.

VII

Когда вздымает гордо в ранний час
Пылающую голову светило,
Не отвести нам восхищенных глаз
От этого величия и пыла.

И в полдень за поднявшимся в зенит,
Не отроком, но мужем возмужалым,
Следим, пленяясь пламенем ланит,
И за плащом его изжелта-алым.

Когда же слабосильным стариком
Покатится под гору колесница,
Никто картиной этой не влеком
И взоры прочь спешат отворотиться.

Так ты, пройдя зенит, умрешь один.
Присмотрит за тобою только сын.

VIII

Music to hear, why hear'st thou music sadly?
Sweets with sweets war not, joy delights in joy.
Why lovest thou that which thou receivest not gladly,
Or else receivest with pleasure thine annoy?

If the true concord of well-tuned sounds,
By unions married, do offend thine ear,
They do but sweetly chide thee, who confounds
In singleness the parts that thou shouldst bear.

Mark how one string, sweet husband to another,
Strikes each in each by mutual ordering,
Resembling sire and child and happy mother
Who all in one, one pleasing note do sing:

Whose speechless song, being many, seeming one,
Sings this to thee: 'thou single wilt prove none.'

VIII

Ты - музыка, но грусть находишь в звуках
И музыкою сладкою томим.
Как можно наслаждаться в этих муках
И радоваться горестям таким?

Но если струн гармония порой
Звучит на тонкий слух твой против правил,
То лишь затем, чтоб ты услышал строй
И чтобы одиночество оставил.

Взгляни, как внемлют струны: тронешь лишь -
И тут же отзовутся две из строя,
Как будто два супруга и малыш,
Поют все трое и едины трое.

Их пенье бессловесно, но зато
Они рекут: "Один - почти ничто".

IX

Is it for fear to wet a widow's eye
That thou consumest thyself in single life?
Ah! if thou issueless shalt hap to die,
The world will wail thee, like a makeless wife;

The world will be thy widow and still weep
That thou no form of thee hast left behind,
When every private widow well may keep
By children's eyes her husband's shape in mind.

Look what an unthrift in the world doth spend
Shifts but his place, for still the world enjoys it;
But beauty's waste hath in the world an end,
And kept unused, the user so destroys it.

No love toward others in that bosom sits
That on himself such murderous shame commits.

IX

Ужель тебя так плач вдовы пугает,
Что ты преступно холост посейчас?
Но знай: весь мир по-вдовьи зарыдает,
Когда бездетным ты уйдешь от нас.

Вдова в чертах ребенка своего
Хранит черты возлюбленного мужа.
Ты - не оставишь миру ничего,
И ничего нельзя придумать хуже.

Меняют деньги мота лишь места,
Вращаясь в этом мире многократно.
Растраченная всуе красота
Из мира исчезает безвозвратно.

Тебе не то что ближнего любить -
Ты самого себя готов убить.

X

For shame deny that thou bear'st love to any,
Who for thyself art so unprovident.
Grant, if thou wilt, thou art beloved of many,
But that thou none lovest is most evident;

For thou art so possess'd with murderous hate
That 'gainst thyself thou stick'st not to conspire.
Seeking that beauteous roof to ruinate
Which to repair should be thy chief desire.

O, change thy thought, that I may change my mind!
Shall hate be fairer lodged than gentle love?
Be, as thy presence is, gracious and kind,
Or to thyself at least kind-hearted prove:

Make thee another self, for love of me,
That beauty still may live in thine or thee.

X

Позор! Едва ли любит хоть кого-то,
Кто губит сам себя во цвете лет.
Положим, любящих тебя - без счета,
А вот тобой любимых вовсе нет.

Столь одержим ты манией ужасной,
Что сам себя готов теперь убить,
Ты рушишь красоты дворец прекрасный,
Когда его пристало обновить.

Расстанься с этой манией постылой!
Ужели убивать тебе милей?
Ты с виду мил, так будь милее с милой
Иль хоть себя немного пожалей.

Ты повтори себя, прошу я мало,
Чтоб в сыне красота твоя дышала

XI

As fast as thou shalt wane, so fast thou growest
In one of thine, from that which thou departest;
And that fresh blood which youngly thou bestow'st
Thou mayst call thine when thou from youth convertest.

Herein lives wisdom, beauty and increase:
Without this, folly, age and cold decay:
If all were minded so, the times should cease
And threescore year would make the world away.

Let those whom Nature hath not made for store,
Harsh featureless and rude, barrenly perish:
Look, whom she best endow'd she gave the more;
Which bounteous gift thou shouldst in bounty cherish:

She carved thee for her seal, and meant thereby
Thou shouldst print more, not let that copy die.

XI

Сколь ты увянешь, столь и возрастешь
В своем ребенке, коли не преминешь,
И кровь его своею назовешь,
Когда ты сам к седым годам остынешь.

Сим живы мудрость, красота и рост;
Иначе - глупость, старость и упадок,
Иначе - превратится мир в погост
За шесть десятилетий, пуст и гадок.

Сам посуди: кто создан кое-как,
Того не жаль бесплодным уничтожить,
Но тот, кто удостоен стольких благ,
Обязан эти блага приумножить.

Ведь ты - природы личная печать,
А назначенью надо отвечать.

XII

When I do count the clock that tells the time,
And see the brave day sunk in hideous night;
When I behold the violet past prime,
And sable curls all silver'd o'er with white;

When lofty trees I see barren of leaves
Which erst from heat did canopy the herd,
And summer's green all girded up in sheaves
Borne on the bier with white and bristly beard,

Then of thy beauty do I question make,
That thou among the wastes of time must go,
Since sweets and beauties do themselves forsake
And die as fast as they see others grow;

And nothing 'gainst Time's scythe can make defence
Save breed, to brave him when he takes thee hence.

XII

Когда часов ударам гулким внемлю,
Следя, как тонет день во мгле ночной;
Фиалку видя, легшую на землю,
И серебреный локон вороной;

Когда все пусто в рощах оголенных,
Где в знойный полдень прятались стада;
Когда с возов свисает похоронных
Снопов окладистая борода,

Задумываюсь я о том, что станет
С тобою и со всей твоей красой.
Любой росточек в этом мире вянет,
Ему на смену тянется другой.

Косою косит время все на свете,
На эту косу камень - только дети.

XIII

O, that you were yourself! but, love, you are
No longer yours than you yourself here live:
Against this coming end you should prepare,
And your sweet semblance to some other give.

So should that beauty which you hold in lease
Find no determination: then you were
Yourself again after yourself's decease,
When your sweet issue your sweet form should bear.

Who lets so fair a house fall to decay,
Which husbandry in honour might uphold
Against the stormy gusts of winter's day
And barren rage of death's eternal cold?

O, none but unthrifts! Dear my love, you know
You had a father: let your son say so.

XIII

Возлюбленный мой, будь самим собою!
Ты - это ты, но лишь покуда жив.
Со смертью надо быть готовым к бою,
Наследнику свой облик одолжив.

Все прелести тобой в аренду взяты,
Так пусть бессрочной будет, и тогда
Самим собою станешь навсегда ты,
Живым в прекрасном сыне навсегда.

Губя сей дом прекрасный, неужели
Останешься беспечным богачом?
Ведь в этом доме зимние метели
И вечный холод смерти нипочем.

Сказать "имел отца я" кто откажет?
Ты говорил, так пусть и сын твой скажет.

XIV

Not from the stars do I my judgment pluck;
And yet methinks I have astronomy,
But not to tell of good or evil luck,
Of plagues, of dearths, or seasons' quality;

Nor can I fortune to brief minutes tell,
Pointing to each his thunder, rain and wind,
Or say with princes if it shall go well,
By oft predict that I in heaven find:

But from thine eyes my knowledge I derive,
And, constant stars, in them I read such art
As truth and beauty shall together thrive,
If from thyself to store thou wouldst convert;

Or else of thee this I prognosticate:
Thy end is truth's and beauty's doom and date.

XIV

Я не по звездам гороскоп веду,
Имея астрологию иную,
Не предвещаю счастье и беду,
Ни засуху, ни зиму затяжную.

Не спрашивайте, грянет гром иль нет,
Куда подует ветер, не скажу я,
И по расположению планет
Удачу принцев плохо вывожу я.

Я по твоим глазам вершу свой суд -
По этим звездам я читаю ясным,
Что правда с красотою процветут,
Коль заживешь ты с отпрыском прекрасным.

Иначе вместе с ними сгинешь ты -
Ни правды, ни тебя, ни красоты.

XV

When I consider everything that grows
Holds in perfection but a little moment,
That this huge stage presenteth nought but shows
Whereon the stars in secret influence comment;

When I perceive that men as plants increase,
Cheered and cheque'd even by the self-same sky,
Vaunt in their youthful sap, at height decrease,
And wear their brave state out of memory;

Then the conceit of this inconstant stay
Sets you most rich in youth before my sight,
Where wasteful Time debateth with Decay,
To change your day of youth to sullied night;

And all in war with Time for love of you,
As he takes from you, I engraft you new.

XV

Когда подумаю, что лишь мгновенье
Дано живому жить и расцвести,
Что мир - лишь сцена, и на представленье
Влияют звезд безвестные пути;

Что беззащитны мы пред небесами,
Что люди, как растения в цвету,
Кичатся молодыми телесами,
Но вянут - и уходят в пустоту.

Я думаю о переменах этих,
И в мыслях - ты, красив и горделив,
А Смерть и Время держат день твой в сетях
И тащат в ночь, добычу поделив.

Но то, что Время взяло безвозвратно,
Своим стихом привью тебе обратно.

XVI

But wherefore do not you a mightier way
Make war upon this bloody tyrant, Time?
And fortify yourself in your decay
With means more blessed than my barren rhyme?

Now stand you on the top of happy hours,
And many maiden gardens yet unset
With virtuous wish would bear your living flowers,
Much liker than your painted counterfeit:

So should the lines of life that life repair,
Which this, Time's pencil, or my pupil pen,
Neither in inward worth nor outward fair,
Can make you live yourself in eyes of men.

To give away yourself keeps yourself still,
And you must live, drawn by your own sweet skill.

XVI

Пусть правит Время, как тиран кровавый,
Но разве средства ты сыскать не мог
Живым из битвы выйти и со славой
Надежнее моих бесплодных строк?

Ты к девственным ступай садам блаженным,
Что воспроизведут во цвете лет
Всего тебя со сходством совершенным
И много лучше, нежели портрет.

Живые эти строки жизнью дышат -
Перу и кисти рок того не дал, -
Они и внешний облик твой опишут,
И внутренних достоинств идеал.

И станешь ты бессмертия гарантом,
Себя рисуя собственным талантом.

XVII

Who will believe my verse in time to come,
If it were fill'd with your most high deserts?
Though yet, heaven knows, it is but as a tomb
Which hides your life and shows not half your parts.

If I could write the beauty of your eyes
And in fresh numbers number all your graces,
The age to come would say 'This poet lies:
Such heavenly touches ne'er touch'd earthly faces.'

So should my papers yellow'd with their age
Be scorn'd like old men of less truth than tongue,
And your true rights be term'd a poet's rage
And stretched metre of an antique song:

But were some child of yours alive that time,
You should live twice; in it and in my rhyme.

XVII

Мне на слово потомок не поверит,
Читая о тебе мой страстный стих.
Он - жалкий склеп, и вряд ли он измерит
Хоть половину прелестей твоих.

И сколь похвал глазам твоим ни множь я,
Ни воспевай твоих цветущих лет,
Потомок назовет писанья ложью
И скажет: "Это ангела портрет!"

И желтую от времени бумагу
Он осмеет, как старца-болтуна:
Мол, Музы даровали мне отвагу,
Как в древние бывало времена.

Но будь наследник жив твой этим днем,
Живым бы в строках ты предстал - и в нем!

XVIII

Shall I compare thee to a summer's day?
Thou art more lovely and more temperate:
Rough winds do shake the darling buds of May,
And summer's lease hath all too short a date:

Sometime too hot the eye of heaven shines,
And often is his gold complexion dimm'd;
And every fair from fair sometime declines,
By chance or nature's changing course untrimm'd;

But thy eternal summer shall not fade
Nor lose possession of that fair thou owest;
Nor shall Death brag thou wander'st in his shade,
When in eternal lines to time thou growest:

So long as men can breathe or eyes can see,
So long lives this and this gives life to thee.

XVIII

Сравню ли я тебя с весенним днем?
Спокойней ты, нежнее и милее.
Но ветром майский цвет на смерть влеком,
И лето наше мига не длиннее.

Небесный глаз то блещет без стыда.
То скромно укрывается за тучей;
Прекрасное уходит навсегда,
Как рассудил ему природы случай.

Но твой не завершится ясный день,
Ему не страшны никакие сроки;
Ты в смертную не удалишься тень,
В бессмертные мои отлитый строки.

Пока дышать и видеть нам дано,
Живет мой стих - и ты с ним заодно.

XIX

Devouring Time, blunt thou the lion's paws,
And make the earth devour her own sweet brood;
Pluck the keen teeth from the fierce tiger's jaws,
And burn the long-lived phoenix in her blood;

Make glad and sorry seasons as thou fleets,
And do whate'er thou wilt, swift-footed Time,
To the wide world and all her fading sweets;
But I forbid thee one most heinous crime:

O, carve not with thy hours my love's fair brow,
Nor draw no lines there with thine antique pen;
Him in thy course untainted do allow
For beauty's pattern to succeeding men.

Yet, do thy worst, old Time: despite thy wrong,
My love shall in my verse ever live young.

XIX

Ты когти льву, о Время, износи,
Гнои в земле прекрасные растенья,
Клыки из пасти тигра уноси
И феникса сожги без сожаленья;

Неси удачу иль грози бедой,
Твори что хочешь, я тебе прощаю,
И с миром и с мирскою красотой, -
Одно тебе я строго запрещаю:

Концом поганым своего стила,
Которым все уродуешь со рвеньем,
Не борозди любимого чела,
Оставь его грядущим поколеньям.

А ежели я запрещаю всуе,
Сам сохраню, стихом его рисуя.

XX

A woman's face with Nature's own hand painted
Hast thou, the master-mistress of my passion;
A woman's gentle heart, but not acquainted
With shifting change, as is false women's fashion;

An eye more bright than theirs, less false in rolling,
Gilding the object whereupon it gazeth;
A man in hue, all 'hues' in his controlling,
Much steals men's eyes and women's souls amazeth.

And for a woman wert thou first created;
Till Nature, as she wrought thee, fell a-doting,
And by addition me of thee defeated,
By adding one thing to my purpose nothing.

But since she prick'd thee out for women's pleasure,
Mine be thy love and thy love's use their treasure.

XX

Природой с женским ликом ты рожден,
Моих сонетов Дама, ты прекрасным
И нежным женским сердцем наделен,
Но чужд их переменам ежечасным.

Лукавства женщин нет в твоих очах,
Они ясны, как солнцем освещая;
В манерах грациозен и в речах,
Пленяя взор мужчин и дам смущая.

Творец тебя как женщину ваял,
Но сам в тебя влюбился против правил,
И, чтоб моим ты ни за что не стал,
Он кое-что еще тебе добавил.

Пускай ты создан женам для услады,
Люби меня - и забирай их клады.

XXI

So is it not with me as with that Muse
Stirr'd by a painted beauty to his verse,
Who heaven itself for ornament doth use
And every fair with his fair doth rehearse

Making a couplement of proud compare,
With sun and moon, with earth and sea's rich gems,
With April's first-born flowers, and all things rare
That heaven's air in this huge rondure hems.

O' let me, true in love, but truly write,
And then believe me, my love is as fair
As any mother's child, though not so bright
As those gold candles fix'd in heaven's air:

Let them say more than like of hearsay well;
I will not praise that purpose not to sell.

XXI

Не уподоблюсь я болтливым лирам,
Поющим тех, чья делана краса;
Они готовы жертвовать всем миром
И приплетают даже небеса:

Сравнят то с ясным солнцем, то с луною
С диковиной какой-нибудь сравнят,
С сокровищем, с цветущею весною -
Со всем, чем поднебесный мир богат.

В любви и в слове истину храню я:
Возлюбленный прекрасен, как любой
Сын женщины, и всуе не сравню я
Его с лампадой неба золотой.

Расхваливать? Я против этой блажи -
Расхваливают нечто при продаже.

XXII

My glass shall not persuade me I am old,
So long as youth and thou are of one date;
But when in thee time's furrows I behold,
Then look I death my days should expiate.

For all that beauty that doth cover thee
Is but the seemly raiment of my heart,
Which in thy breast doth live, as thine in me:
How can I then be elder than thou art?

O, therefore, love, be of thyself so wary
As I, not for myself, but for thee will;
Bearing thy heart, which I will keep so chary
As tender nurse her babe from faring ill.

Presume not on thy heart when mine is slain;
Thou gavest me thine, not to give back again.

XXII

Не стар я! Что мне ваши зеркала!
Ведь сам-то ты, возлюбленный мой, молод.
Покуда Время твоего чела
Не бороздит, не чую смертный холод!

Да, у меня краса твоя в цене
И сердцу моему есть оболочка:
Оно - в тебе, как и твое - во мне,
Засим тебя не старше я - и точка!

Храни себя и ты, как я себя.
Не о себе, но о тебе радею:
Твое сердечко я ношу любя
И, как младенца, нянчу и лелею.

Но знай: коль горем ты мое замучишь,
То своего обратно не получишь.

XXIII

As an unperfect actor on the stage
Who with his fear is put besides his part,
Or some fierce thing replete with too much rage,
Whose strength's abundance weakens his own heart.

So I, for fear of trust, forget to say
The perfect ceremony of love's rite,
And in mine own love's strength seem to decay,
O'ercharged with burden of mine own love's might.

O, let my books be then the eloquence
And dumb presagers of my speaking breast,
Who plead for love and look for recompense
More than that tongue that more hath more express'd.

O, learn to read what silent love hath writ:
To hear with eyes belongs to love's fine wit.

XXIII

Как неумелый молодой актер,
Что оробев, не может вспомнить роли,
Как в ярости избыточной бретер,
Теряющий задор и силу воли,

Так я, забыв любовный ритуал,
Сказать в смущеньи не могу ни слова.
Я - словно переполненный фиал,
И раздавить любовь меня готова.

Пусть книги отправляются к тебе -
Они, хоть говорить не в состояньи,
Речистей будут и в моей мольбе,
И в просьбе о достойном воздаяньи.

Учись читать любви безмолвной строки -
Для слуха ока надобны уроки.

XXIV

Mine eye hath play'd the painter and hath stell'd
Thy beauty's form in table of my heart;
My body is the frame wherein 'tis held,
And perspective it is the painter's art.

For through the painter must you see his skill,
To find where your true image pictured lies;
Which in my bosom's shop is hanging still,
That hath his windows glazed with thine eyes.

Now see what good turns eyes for eyes have done:
Mine eyes have drawn thy shape, and thine for me
Are windows to my breast, where-through the sun
Delights to peep, to gaze therein on thee;

Yet eyes this cunning want to grace their art;
They draw but what they see, know not the heart.

XXIV

Мои глаза, как мастер на холстине,
В моей груди создали твой портрет.
Я рамою служу ему отныне,
Но, кажется, в нем перспективы нет.

Однако, лишь сквозь мастера взирая,
Вершат свой суд о свойствах полотна.
Отныне грудь моя есть мастерская,
Твои глаза - в ней два больших окна.

Глаза глазам добро несут при этом:
Мои - рисуют чистый образ твой,
Твои - всю грудь мне наполняют светом,
Как если б солнце встало над землей.

Но все ж с изъяном глаз моих искусство:
Лишь зримое предмет их, а не чувства.

XXV

Let those who are in favour with their stars
Of public honour and proud titles boast,
Whilst I, whom fortune of such triumph bars,
Unlook'd for joy in that I honour most.

Great princes' favourites their fair leaves spread
But as the marigold at the sun's eye,
And in themselves their pride lies buried,
For at a frown they in their glory die.

The painful warrior famoused for fight,
After a thousand victories once foil'd,
Is from the book of honour razed quite,
And all the rest forgot for which he toil'd:

Then happy I, that love and am beloved
Where I may not remove nor be removed.

XXV

Иной счастлив под звездами вполне,
Имея титул, славу площадную.
Куда скромнее путь назначен мне,
И я предпочитаю честь иную.

Блистает фаворит, что к принцу вхож,
В лучах фортуны греясь величаво,
Но так на маргаритку он похож:
Поблекнет солнце - и поблекнет слава.

Пусть лаврами увенчан генерал,
Но, стоит приключиться пораженью,
Сменяют бранью дружный хор похвал -
Развенчанного предают забвенью.

Любим, люблю - вот все, что я ценю:
Мне не изменят - и не изменю.

XXVI

Lord of my love, to whom in vassalage
Thy merit hath my duty strongly knit,
To thee I send this written embassage,
To witness duty, not to show my wit:

Duty so great, which wit so poor as mine
May make seem bare, in wanting words to show it,
But that I hope some good conceit of thine
In thy soul's thought, all naked, will bestow it;

Till whatsoever star that guides my moving
Points on me graciously with fair aspect
And puts apparel on my tatter'd loving,
To show me worthy of thy sweet respect:

Then may I dare to boast how I do love thee;
Till then not show my head where thou mayst prove me.

XXVI

Вассальный долг любви перед тобой
К тебе являться свято соблюдая,
Я письменных послов шлю в замок твой,
Нижайше снисхожденья ожидая.

Они не то чтоб вышли хороши -
Благоговея, путаюсь в глаголах,
Но я надеюсь, мысль твоей души
Их приукрасит и оденет, голых.

Когда звезда, что в путь меня влечет,
На верную стезю меня направит,
И в плащ мои лохмотья облечет,
И мне твое благоволенье явит,

Тогда я воспою любовь мою,
А до поры в сторонке постою.

XXVII

Weary with toil, I haste me to my bed,
The dear repose for limbs with travel tired;
But then begins a journey in my head,
To work my mind, when body's work's expired:

For then my thoughts, from far where I abide,
Intend a zealous pilgrimage to thee,
And keep my drooping eyelids open wide,
Looking on darkness which the blind do see

Save that my soul's imaginary sight
Presents thy shadow to my sightless view,
Which, like a jewel hung in ghastly night,
Makes black night beauteous and her old face new.

Lo! thus, by day my limbs, by night my mind,
For thee and for myself no quiet find.

XXVII

В пути устав и чтоб избыть заботу,
В постели я вкусить желаю сна,
Но мысли тут берутся за работу,
Когда работа тела свершена.

И ревностным паломником далеко
В края твои к тебе они спешат.
Во тьму слепца мое взирает око,
И веки закрываться не хотят.

И тут виденьем, зренью неподвластным,
Встает пред взором мысленным моим
Твой образ, блещущий алмазом ясным, -
И ночи лик мне мнится молодым.

Вот так днем - тело, мысли - по ночам,
Влюбленным, не дают покоя нам.

XXVIII

How can I then return in happy plight,
That am debarr'd the benefit of rest?
When day's oppression is not eased by night,
But day by night, and night by day, oppress'd?

And each, though enemies to either's reign,
Do in consent shake hands to torture me;
The one by toil, the other to complain
How far I toil, still farther off from thee.

I tell the day, to please them thou art bright
And dost him grace when clouds do blot the heaven:
So flatter I the swart-complexion'd night,
When sparkling stars twire not thou gild'st the even.

But day doth daily draw my sorrows longer
And night doth nightly make grief's strength seem stronger.

XXVIII

Свою беду не в силах превозмочь я,
Без отдыха сойду с ума на том!
Гнет дня меня не оставляет ночью,
Днем ночь гнетома, ночью день гнетом.

Они враги, но совокупным рвеньем
В тончайший порошок меня сотрут:
Один - трудом, другая - сожаленьем
О том, что прочь ведет меня мой труд.

Я с речью о тебе к дню обращался -
И был он ясен, хоть и дождик лил;
Я к смуглой ночи тщетно подольщался,
Хотя светил не ты, а сонм светил,

Но с каждым днем я от тебя все дале,
И с каждой ночью - горшие печали.

XXIX

When, in disgrace with fortune and men's eyes,
I all alone beweep my outcast state
And trouble deaf heaven with my bootless cries
And look upon myself and curse my fate,

Wishing me like to one more rich in hope,
Featured like him, like him with friends possess'd,
Desiring this man's art and that man's scope,
With what I most enjoy contented least;

Yet in these thoughts myself almost despising,
Haply I think on thee, and then my state,
Like to the lark at break of day arising
From sullen earth, sings hymns at heaven's gate;

For thy sweet love remember'd such wealth brings
That then I scorn to change my state with kings.

XXIX

Когда людьми забытый и судьбою
Я на себя презренного взгляну,
Глухие небеса своей мольбою
Тревожу я и жребий свой кляну;

И жажду я чужих надежд и жара,
Чужих друзей и красоты чужой,
Чужого мастерства хочу и дара,
Всего лишенный, брошенный, изгой.

Так я себя почти во прах стираю,
Но, вспомнив о тебе, в своих глазах
Я жаворонком радостным взлетаю,
Что звонкий гимн возносит в небесах.

Мне доля помнить о тебе милей -
Я не желаю доли королей.

XXX

When to the sessions of sweet silent thought
I summon up remembrance of things past,
I sigh the lack of many a thing I sought,
And with old woes new wail my dear time's waste:

Then can I drown an eye, unused to flow,
For precious friends hid in death's dateless night,
And weep afresh love's long since cancell'd woe,
And moan the expense of many a vanish'd sight:

Then can I grieve at grievances foregone,
And heavily from woe to woe tell o'er
The sad account of fore-bemoaned moan,
Which I new pay as if not paid before.

But if the while I think on thee, dear friend,
All losses are restored and sorrows end.

XXX

Когда зову в немых раздумий суд
Из памяти свидетелей былого,
Они печалей череду несут -
И в прежних бедах мучаюсь я снова.

Сухие очи я в слезах топлю,
Друзей ушедших снова поминаю,
Над всем, что я любил, я вновь скорблю,
Над всем, что в Лету кануло, стенаю.

И вновь печалей старое вино
Я пью, перебирая наудачу,
И по счетам, оплаченным давно,
Я сызнова плачу, плачу и плачу.

Но вспомню о тебе - и боль трикраты
Утрачивают все мои утраты.

XXXI

Thy bosom is endeared with all
Which I by lacking have supposed dead,
And there reigns love and all love's loving parts,
And all those friends which I thought buried.

How many a holy and obsequious tear
Hath dear religious love stol'n from mine eye
As interest of the dead, which now appear
But things removed that hidden in thee lie!

Thou art the grave where buried love doth live,
Hung with the trophies of my lovers gone,
Who all their parts of me to thee did give;
That due of many now is thine alone:

Their images I loved I view in thee,
And thou, all they, hast all the all of me.

XXXI

В твоей груди сердца живые бьются
Всех тех, кого давно я схоронил, -
Возлюбленных, что больше не вернутся,
Друзей моих, что спят во тьме могил.

О сколько было истовой печали
И сколько слез о жалкой их судьбе!
Живыми из могил они восстали
И снова предо мной, живя в тебе.

Могила ты с живыми мертвецами,
Вся в их венках и лентах, - потому
Всего меня со всеми потрохами
Они тебе отдали одному.

Любовью к ним к тебе и я влеком,
И ты владеешь мною целиком.

XXXII

If thou survive my well-contented day,
When that churl Death my bones with dust shall cover,
And shalt by fortune once more re-survey
These poor rude lines of thy deceased lover,

Compare them with the bettering of the time,
And though they be outstripp'd by every pen,
Reserve them for my love, not for their rhyme,
Exceeded by the height of happier men.

O, then vouchsafe me but this loving thought:
'Had my friend's Muse grown with this growing age,
A dearer birth than this his love had brought,
To march in ranks of better equipage:

But since he died and poets better prove,
Theirs for their style I'll read, his for his love.'

XXXII

Коль ты, мой друг, меня переживешь
И под могильной лягу я плитою,
Быть может, эти строчки перечтешь,
Любимому оставленные мною.

Ты с тем, что пишут ныне, их сравни -
И пусть их превзойдет перо любое,
Не ради мастерства их сохрани,
Но ради в них заложенной любови.

Подумай обо мне тогда: "Он мог,
Когда бы не взяла его могила,
Быть автором ничуть не худших строк,
Исполненных желания и пыла.

Засим я никого не предпочту:
Тех - за стихи, его - за пыл прочту".

XXXIII

Full many a glorious morning have I seen
Flatter the mountain-tops with sovereign eye,
Kissing with golden face the meadows green,
Gilding pale streams with heavenly alchemy;

Anon permit the basest clouds to ride
With ugly rack on his celestial face,
And from the forlorn world his visage hide,
Stealing unseen to west with this disgrace:

Even so my sun one early morn did shine
With all triumphant splendor on my brow;
But out, alack! he was but one hour mine,
The region cloud hath mask'd him from me now.

Yet him for this my love no whit disdaineth;
Suns of the world may stain when heaven's sun staineth.

XXXIII

Не раз видал я солнечный восход,
Как он лобзанье шлет лугам зеленым
И над потоком блещущим встает,
Небесною алхимией злащеным.

Бывало так, что этот ясный лик,
Обсевши запад, туча застит взору -
И гаснет светоч, головой поник,
И исчезает, к своему позору.

Так солнца моего восход блистал,
Был полон для меня игры кипучей,
Но час прошел, - увы! - и час настал:
Заволокло его соседней тучей.

Меня обиды эти не гнетут:
На солнце пятна есть и там, и тут.

XXXIV

Why didst thou promise such a beauteous day,
And make me travel forth without my cloak,
To let base clouds o'ertake me in my way,
Hiding thy bravery in their rotten smoke?

'Tis not enough that through the cloud thou break,
To dry the rain on my storm-beaten face,
For no man well of such a salve can speak
That heals the wound and cures not the disgrace:

Nor can thy shame give physic to my grief;
Though thou repent, yet I have still the loss:
The offender's sorrow lends but weak relief
To him that bears the strong offence's cross.

Ah! but those tears are pearl which thy love sheds,
And they are rich and ransom all ill deeds.

XXXIV

Зачем твои на счет погоды враки?
Ведь вышел я в дорогу без плаща!
Но в мерзкой туче скрылся ты во мраке,
И струи ливня хлынули, хлеща.

Мне мало, что пришел ты с ясным ликом
Сушить мой лик, что струями побит:
Мужчина и в раскаяньи великом
Не может искупить таких обид.

Мне горя стыд твой облегчить не может,
Я обойден тобой со всех сторон, -
Своей обидчик скорбью не поможет
Тому, кто бесконечно оскорблен.

Ты мне во искупленье предъяви
Редчайший жемчуг слез твоей любви.

XXXV

No more be grieved at that which thou hast done:
Roses have thorns, and silver fountains mud,
Clouds and eclipses stain both moon and sun,
And loathsome canker lives in sweetest bud.

All men make faults, and even I in this,
Authorizing thy trespass with compare,
Myself corrupting, salving thy amiss,
Excusing thy sins more than thy sins are;

For to thy sensual fault I bring in sense --
Thy adverse party is thy advocate --
And 'gainst myself a lawful plea commence.
Such civil war is in my love and hate

That I an accessary needs must be
To that sweet thief which sourly robs from me.

XXXV

Ну так уж все не ставь себе в вину:
У роз - шипы, и муть - в ключе предивном,
Скрывают тучи солнце и луну,
Бутон цветка чреват червем противным.

Кто без вины? И я, мы все грешим:
Грешу, тебе сравнения рисуя,
Тщась выказать проступок небольшим
И оправдать как сделанное всуе.

Мол, в преступленьи пыл твой виноват,
Я сам себе судебный иск вчиняю,
Уж я не прокурор, но адвокат, -
С любовью я обиде изменяю.

Хоть обворован, жду, мой милый вор,
Как соучастник тот же приговор.

XXXVI

Let me confess that we two must be twain,
Although our undivided loves are one:
So shall those blots that do with me remain
Without thy help by me be borne alone.

In our two loves there is but one respect,
Though in our lives a separable spite,
Which though it alter not love's sole effect,
Yet doth it steal sweet hours from love's delight.

I may not evermore acknowledge thee,
Lest my bewailed guilt should do thee shame,
Nor thou with public kindness honour me,
Unless thou take that honour from thy name:

But do not so; I love thee in such sort
As, thou being mine, mine is thy good report.

XXXVI

Хотя в любви с тобою мы - одно,
Признаюсь я, нам должно быть двоими;
И без тебя своей вины пятно
Нести я должен силами своими.

В любви у нас с тобой одна стезя,
Но в горечи - расходится дорожка.
Так разделив, убить любовь нельзя,
Хотя возможно обокрасть немножко.

Не пачкая тебя в своей вине,
Я не могу раскланяться с тобою,
И ты не можешь поклониться мне,
Чтоб имени не выпачкать со мною.

Не надо! Ибо все твое - мое,
Мое и имя доброе твое.

XXXVII

As a decrepit father takes delight
To see his active child do deeds of youth,
So I, made lame by fortune's dearest spite,
Take all my comfort of thy worth and truth.

For whether beauty, birth, or wealth, or wit,
Or any of these all, or all, or more,
Entitled in thy parts do crowned sit,
I make my love engrafted to this store:

So then I am not lame, poor, nor despised,
Whilst that this shadow doth such substance give
That I in thy abundance am sufficed
And by a part of all thy glory live.

Look, what is best, that best I wish in thee:
This wish I have; then ten times happy me!

XXXVII

Как немощный отец следит свершенья
Ребенка своего во цвете лет,
Так я, вкусив от рока пораженье,
Слежу за чередой твоих побед

И тешусь, ибо красоте и славе,
Богатству - всем достоинствам твоим -
Я, жалкий нищий, причаститься вправе,
Своей любовью причащенный им.

И я теперь не немощный, не бедный,
Мне хлеб насущный зренье подает,
Следящее, любя, твой марш победный, -
И сыт я славой от твоих щедрот.

Все то, чего желать тебе я смею,
Я от тебя сторицею имею.

XXXVIII

How can my Muse want subject to invent,
While thou dost breathe, that pour'st into my verse
Thine own sweet argument, too excellent
For every vulgar paper to rehearse?

O, give thyself the thanks, if aught in me
Worthy perusal stand against thy sight;
For who's so dumb that cannot write to thee,
When thou thyself dost give invention light?

Be thou the tenth Muse, ten times more in worth
Than those old nine which rhymers invocate;
And he that calls on thee, let him bring forth
Eternal numbers to outlive long date.

If my slight Muse do please these curious days,
The pain be mine, but thine shall be the praise.

XXXVIII

Моей ли Музе вдохновенья нет,
Коль дышишь ты и мне на каждом шаге
Вскрываешь столь возвышенный предмет,
Что жалко мысль отдать простой бумаге?

Себя благодари, - и коль богат,
Мой стих всегда во всем - твое творенье.
Тот нем, кто не поет тебя стократ,
Когда ты сам приносишь вдохновенье.

Десятикратно краше Девяти,
Десятой Музой стань ты для поэта,
Стиху дорогу в вечность освети,
Дабы звенел он до скончанья света.

Коль строками потомкам угодим, -
Взяв труд, тебе всю славу отдадим.

XXXIX

O, how thy worth with manners may I sing,
When thou art all the better part of me?
What can mine own praise to mine own self bring?
And what is 't but mine own when I praise thee?

Even for this let us divided live,
And our dear love lose name of single one,
That by this separation I may give
That due to thee which thou deservest alone.

O absence, what a torment wouldst thou prove,
Were it not thy sour leisure gave sweet leave
To entertain the time with thoughts of love,
Which time and thoughts so sweetly doth deceive,

And that thou teachest how to make one twain,
By praising him here who doth hence remain!

XXXIX

Уместно ли тебя восславить мне,
Коль целиком ты - часть моя живая?
Иль у меня хвала себе в цене?
Иль не себя в тебе я воспеваю?

Давай чуть-чуть отдельно поживем,
Чтоб получилось как-нибудь не вместе
И чтоб я мог воспеть не нас вдвоем,
Но лишь тебя в отдельно взятом месте.

Была б разлука мукой для души
И было бы несносным это бремя,
Когда б не думы о тебе в тиши,
Которые так скрашивают время.

Объединиться разделенным нам
Вот средство - славить здесь того, кто там

XL

Take all my loves, my love, yea, take them all;
What hast thou then more than thou hadst before?
No love, my love, that thou mayst true love call;
All mine was thine before thou hadst this more.

Then if for my love thou my love receivest,
I cannot blame thee for my love thou usest;
But yet be blamed, if thou thyself deceivest
By wilful taste of what thyself refusest.

I do forgive thy robbery, gentle thief,
Although thou steal thee all my poverty;
And yet, love knows, it is a greater grief
To bear love's wrong than hate's known injury.

Lascivious grace, in whom all ill well shows,
Kill me with spites; yet we must not be foes.

XL

Моя любовь, возьми мои любви!
Возьми их все, а все не станет боле, -
Что истинной любовью ни зови,
Нет ничего, чего не взял дотоле.

Коль ты, моя любовь, мою любовь
Взял, чтоб отдать моей любви, то - ладно,
Но коль моей любви не хочешь вновь
Ты сам, виню, чтоб было неповадно!

У нищего украл ты, милый вор,
Но мне простить приходится злодея;
Хоть претерпел я горе и позор -
Любви обиды черной злобы злее.

В тебе, развратник, зло глядит добром.
Убей меня, но не гляди враго

XLI

Those petty wrongs that liberty commits,
When I am sometime absent from thy heart,
Thy beauty and thy years full well befits,
For still temptation follows where thou art.

Gentle thou art and therefore to be won,
Beauteous thou art, therefore to be assailed;
And when a woman woos, what woman's son
Will sourly leave her till she have prevailed?

Ay me! but yet thou mightest my seat forbear,
And chide try beauty and thy straying youth,
Who lead thee in their riot even there
Where thou art forced to break a twofold truth,

Hers by thy beauty tempting her to thee,
Thine, by thy beauty being false to me.

XLI

Когда меня подчас с тобою нет,
Наносишь мне обиды ненароком,
Простительные для беспечных лет,
Подверженных соблазнам и порокам.

Учтив ты - на измор тебя берут,
Красив ты - ищут в красоте усладу,
А коль возьмется женщина за труд,
Сын женщины не выдержит осаду.

Меня ты мог бы пощадить, любя,
Дать отповедь своей красе и летам,
Что вынудили пренебречь тебя
Двойною верностью, двойным обетом:

Ее - ее красою соблазнив,
Своей - своей красой мне изменив.

XLII

That thou hast her, it is not all my grief,
And yet it may be said I loved her dearly;
That she hath thee, is of my wailing chief,
A loss in love that touches me more nearly.

Loving offenders, thus I will excuse ye:
Thou dost love her, because thou knowst I love her;
And for my sake even so doth she abuse me,
Suffering my friend for my sake to approve her.

If I lose thee, my loss is my love's gain,
And losing her, my friend hath found that loss;
Both find each other, and I lose both twain,
And both for my sake lay on me this cross:

But here's the joy; my friend and I are one;
Sweet flattery! then she loves but me alone.

XLII

Она - твоя, но мне ее не жаль,
Хотя потеря эта хуже пыток;
Но ты - ее, вот главная печаль.
Вот в чем невосполнимый мои убыток!

На вас обоих не держу я зла:
Ее ты любишь, зная, что я - тоже;
Она затем тебя мне предпочла.
Что ничего мне нет тебя дороже.

Утратил я тебя - нашла она,
Ее утратил - ты нашел счастливо:
Вы счастливы, а боль моя двойна,
Так из любви мне горе принесли вы.

Однако же едины ты и я -
И, стало быть, любовь моя - моя!

XLIII

When most I wink, then do mine eyes best see,
For all the day they view things unrespected;
But when I sleep, in dreams they look on thee,
And darkly bright are bright in dark directed.

Then thou, whose shadow shadows doth make bright,
How would thy shadow's form form happy show
To the clear day with thy much clearer light,
When to unseeing eyes thy shade shines so!

How would, I say, mine eyes be blessed made
By looking on thee in the living day,
When in dead night thy fair imperfect shade
Through heavy sleep on sightless eyes doth stay!

All days are nights to see till I see thee,
And nights bright days when dreams do show thee me.

XLIII

Смежая веки, зорче я стократ,
При свете дня гляжу, не замечая.
Во сне же очи на тебя глядят,
Твой светлый лик во мраке различая.

Твоя безмерно лучезарна тень,
Встающая передо мной ночами, -
О сколь она светлей, чем ясный день,
Коль вижу я незрячими очами!

Сколь просияли бы твои лучи,
Явись они при свете дня живого,
Коль тень твоя слепым очам в ночи
Несет снопы сияния такого!

Мне день - как ночь, когда тебя лишен,
А ночь - как день, когда приходишь в сон.

XLIV

If the dull substance of my flesh were thought,
Injurious distance should not stop my way;
For then despite of space I would be brought,
From limits far remote where thou dost stay.

No matter then although my foot did stand
Upon the farthest earth removed from thee;
For nimble thought can jump both sea and land
As soon as think the place where he would be.

But ah! thought kills me that I am not thought,
To leap large lengths of miles when thou art gone,
But that so much of earth and water wrought
I must attend time's leisure with my moan,

Receiving nought by elements so slow
But heavy tears, badges of either's woe.

XLIV

Когда бы мыслью стала плоть моя,
Тогда бы я разлуки не страшился
И сквозь пространство в дальние края
К тебе в единый миг переместился.

Где б ни был я и где бы ни был ты,
Живая мысль не знает окорота -
Ни океан, ни горные хребты
Не могут задержать ее полета.

Но я - не мысль, вот в чем моя беда,
Проклятья плоти надо мной нависли:
Земля перемешались и вода,
Немыслимо тяжелые для мысли.

Из элементов тела моего,
Помимо слез, не выжмешь ничего.

XLV

The other two, slight air and purging fire,
Are both with thee, wherever I abide;
The first my thought, the other my desire,
These present-absent with swift motion slide.

For when these quicker elements are gone
In tender embassy of love to thee,
My life, being made of four, with two alone
Sinks down to death, oppress'd with melancholy;

Until life's composition be recured
By those swift messengers return'd from thee,
Who even but now come back again, assured
Of thy fair health, recounting it to me:

This told, I joy; but then no longer glad,
I send them back again and straight grow sad.

XLV

Тебе свои стихии остальные,
Огонь и воздух, я передаю:
Желания и мысли потайные,
Повернутые в сторону твою.

Из четырех коль эти две далеко
Любви моей посольством улетят,
Другие две гнетут меня жестоко,
Сомнениями поедом едят.

В составе усеченном жизнь отвратна,
Страдаю я, задавленный в борьбе,
Покуда не дождусь послов обратно
И не услышу вести о тебе.

И вот мои страданья полегчали,
Но снова шлю послов, и вновь в печали.

XLVI

Mine eye and heart are at a mortal war
How to divide the conquest of thy sight;
Mine eye my heart thy picture's sight would bar,
My heart mine eye the freedom of that right.

My heart doth plead that thou in him dost lie --
A closet never pierced with crystal eyes --
But the defendant doth that plea deny
And says in him thy fair appearance lies.

To 'cide this title is impanneled
A quest of thoughts, all tenants to the heart,
And by their verdict is determined
The clear eye's moiety and the dear heart's part:

As thus; mine eye's due is thy outward part,
And my heart's right thy inward love of heart.

XLVI

Жестокою захваченным борьбою,
Как сердцу с оком твой делить портрет?
Его считает око за собою,
Но прав таких, считает сердце, нет:

Мол, весь ты в нем и, дескать, око сроду.
Не видя, и не ведало о том.
Но око аргумент отводит сходу:
Мол, в нем запечатлен ты целиком.

И чтоб не длилась эта тяжба доле,
Присяжных мыслей суд определил,
В чем состоит отныне ока доля,
И сердце ленным правом наделил:

Отходит оку красоты оправа,
А сердце на любовь имеет право.

XLVII

Betwixt mine eye and heart a league is took,
And each doth good turns now unto the other:
When that mine eye is famish'd for a look,
Or heart in love with sighs himself doth smother,

With my love's picture then my eye doth feast
And to the painted banquet bids my heart;
Another time mine eye is my heart's guest
And in his thoughts of love doth share a part:

So, either by thy picture or my love,
Thyself away art resent still with me;
For thou not farther than my thoughts canst move,
And I am still with them and they with thee;

Or, if they sleep, thy picture in my sight
Awakes my heart to heart's and eye's delight.

XLVII

Союз у ока с сердцем заключен
Об обоюдной помощи - на случай,
Когда с тобою взгляд мой разлучен
И стонет сердце от тоски тягучей.

У ока пир глядеть на твой портрет,
И сердце - гость, являющийся к сроку;
И в мыслях о тебе на свой обед
Шлет сердце приглашенье другу-оку.

Вот так, в разлуке, ты со мной всегда,
С моей любовью и влюбленным взглядом,
Не денешься от мыслей никуда,
Я - с ними, а они - с тобою рядом.

Коль мысли спят, на твой портрет гляжу
И взглядом сердце спящее бужу.

XLVIII

How careful was I when I took my way,
Each trifle under truest bars to thrust,
That to my use it might unused stay
From hands of falsehood, in sure wards of trust!

But thou, to whom my jewels trifles are,
Most worthy comfort, now my greatest grief,
Thou best of dearest and mine only care,
Art left the prey of every vulgar thief.

Thee have I not lock'd up in any chest,
Save where thou art not, though I feel thou art,
Within the gentle closure of my breast,
From whence at pleasure thou mayst come and part;

And even thence thou wilt be stol'n, I fear
For truth proves thievish for a prize so dear.

XLVIII

Сбираясь в путь, я запер на запор
Все ценности в ларце своем укромном,
Чтоб ими даже самый хитрый вор
Не завладел обманом вероломным.

А вот тебя, о свет моих очей,
Моя утеха, а теперь - мученье,
Похитить без отмычек и ключей
Любой способен вор как развлеченье.

Тебя не запер, как в ларце, в груди,
Хоть нет тебя там, знаю - ты на месте,
Отсюда, если хочешь, - уходи,
Не хочешь - оставайся к вящей чести.

Ох украдут! Добыча столь богата,
Что даже верность стала воровата.

XLIX

Against that time, if ever that time come,
When I shall see thee frown on my defects,
When as thy love hath cast his utmost sum,
Call'd to that audit by advised respects;

Against that time when thou shalt strangely pass
And scarcely greet me with that sun thine eye,
When love, converted from the thing it was,
Shall reasons find of settled gravity,--

Against that time do I ensconce me here
Within the knowledge of mine own desert,
And this my hand against myself uprear,
To guard the lawful reasons on thy part:

To leave poor me thou hast the strength of laws,
Since why to love I can allege no cause.

XLIX

Тот день, когда (его не кличу я!)
Ты на мои изъяны хмуро глянешь,
И истощит себя любовь твоя,
И, вняв рассудку, ты терпеть устанешь;

Тот день, когда, чужим в толпе пройдя,
Меня не удостоишь ясным взором,
Когда любовь, в надменность перейдя,
Брезгливо вспомнит о себе с позором;

Тот день встречая, я сейчас встаю,
Ничтожество свое признав с отвагой,
Свидетельствую правоту твою
И руку поднимаю под присягой.

Ты разлюбил - и прав, а я суду
В защиту ничего не приведу.

L

How heavy do I journey on the way,
When what I seek, my weary travel's end,
Doth teach that ease and that repose to say
'Thus far the miles are measured from thy friend!'

The beast that bears me, tired with my woe,
Plods dully on, to bear that weight in me,
As if by some instinct the wretch did know
His rider loved not speed, being made from thee:

The bloody spur cannot provoke him on
That sometimes anger thrusts into his hide;
Which heavily he answers with a groan,
More sharp to me than spurring to his side;

For that same groan doth put this in my mind;
My grief lies onward and my joy behind.

L

Как тяжело, как худо мне в пути!
Ужели еду я. чтоб на чужбине
Мне к выводу печальному прийти:
"Вот столько между нами миль отныне"?

И конь мой не торопится пока,
Влача меня и все мои печали, -
Как будто чует мысли седока,
Мол, чем оно проворнее, тем дале.

Пришпориваю своего коня -
Стеная, он сбивается на шаге.
По этот стон больнее для меня,
Чем шпор моих удары для бедняги.

И этот стон овладевает мной:
Грусть -- впереди, а радость - за спиной.

LI

Thus can my love excuse the slow offence
Of my dull bearer when from thee I speed:
From where thou art why should I haste me thence?
Till I return, of posting is no need.

O, what excuse will my poor beast then find,
When swift extremity can seem but slow?
Then should I spur, though mounted on the wind;
In winged speed no motion shall I know:

Then can no horse with my desire keep pace;
Therefore desire of perfect'st love being made,
Shall neigh--no dull flesh--in his fiery race;
But love, for love, thus shall excuse my jade;

Since from thee going he went wilful-slow,
Towards thee I'll run, and give him leave to go.

LI

Так я коня оправдывал, любя,
За то, что он упрямился умело.
Зачем спешить мне было от тебя?
Вот возвращаться - тут другое дело!

И где б он оправданье отыскал,
Когда мне рыси резвой было б мало?
Я б ветру шкуру шпорами порвал,
Когда бы поспешал он слишком вяло!

Желания не обогнать коню,
Когда со ржаньем бурею горячей
Оно летит, подобное огню,
Не постояв за загнанною клячей.

Прочь от тебя едва влачила ношу;
К тебе я полечу, а клячу брошу!

LII

So am I as the rich, whose blessed key
Can bring him to his sweet up-locked treasure,
The which he will not every hour survey,
For blunting the fine point of seldom pleasure.

Therefore are feasts so solemn and so rare,
Since, seldom coming, in the long year set,
Like stones of worth they thinly placed are,
Or captain jewels in the carcanet.

So is the time that keeps you as my chest,
Or as the wardrobe which the robe doth hide,
To make some special instant special blest,
By new unfolding his imprison'd pride.

Blessed are you, whose worthiness gives scope,
Being had, to triumph, being lack'd, to hope.

LII

Я, как богач, который под запором
В ларце храня сокровище свое,
Не каждый час его впивает взором,
Чтоб не тупить блаженства острие.

И потому столь велико веселье
По праздникам, что мало их в году,
И потому каменья в ожерельи,
Что покрупней, имеют череду.

Тебя так время держит в заточеньи,
Как шкаф, парча в котором заперта,
Но выберет для торжества мгновенье -
И отворит тюремные врата.

О миг с тобой! В моей груди он будит
Блаженство - был, и предвкушенье - будет!

LIII

What is your substance, whereof are you made,
That millions of strange shadows on you tend?
Since every one hath, every one, one shade,
And you, but one, can every shadow lend.

Describe Adonis, and the counterfeit
Is poorly imitated after you;
On Helen's cheek all art of beauty set,
And you in Grecian tires are painted new:

Speak of the spring and foison of the year;
The one doth shadow of your beauty show,
The other as your bounty doth appear;
And you in every blessed shape we know.

In all external grace you have some part,
But you like none, none you, for constant heart.

LIII

Скажи, ты тень субстанции какой?
Отбрасываешь миллионы теней!
Довольствуется тенью всяк одной,
А ты имеешь много отражений.

Адониса с тебя написан лик -
Он превзойти не может лик твой ясный;
Был древний мир Еленою велик,
Нам явлен ты Еленою прекрасной.

Сам посмотри, вот осень и весна:
Одна твоим богата урожаем;
Другая красотой твоей красна, -
Так ты в богатстве всяком узнаваем.

Весь мир твоею красотой поверен.
Ты, подлинник, еще и сердцем верен.

LIV

O, how much more doth beauty beauteous seem
By that sweet ornament which truth doth give.
The rose looks fair, but fairer we it deem
For that sweet odour which doth in it live.

The canker-blooms have full as deep a dye
As the perfumed tincture of the roses,
Hang on such thorns and play as wantonly
When summer's breath their masked buds discloses:

But, for their virtue only is their show,
They live unwoo'd and unrespected fade,
Die to themselves. Sweet roses do not so;
Of their sweet deaths are sweetest odours made:

And so of you, beauteous and lovely youth,
When that shall fade, my verse distills your truth.

LIV

Прекрасное у нас в двойной цене,
Коль постоянством истинным богато.
Прекрасна роза, но милей вдвойне
Пьянящим благородством аромата.

Пускай шиповник столь же цветом густ,
Сколь ал у розы лепесток пахучий;
Он с виду вроде тот же самый куст -
Такой же пышный, стройный и колючий,

Но только с виду: где бы он ни рос,
Увы, никто его не замечает,
Он гибнет всуе. Иначе у роз:
Духи по смерти розы получают.

Так ты утратишь красоту свою,
Но постоянство в стих я перелью.

LV

Not marble, nor the gilded monuments
Of princes, shall outlive this powerful rhyme;
But you shall shine more bright in these contents
Than unswept stone besmear'd with sluttish time.

When wasteful war shall statues overturn,
And broils root out the work of masonry,
Nor Mars his sword nor war's quick fire shall burn
The living record of your memory.

'Gainst death and all-oblivious enmity
Shall you pace forth; your praise shall still find room
Even in the eyes of all posterity
That wear this world out to the ending doom.

So, till the judgment that yourself arise,
You live in this, and dwell in lovers' eyes.

LV

Ни монументов медь, ни мрамор плит
Не могут пережить мой стих всесильный, -
Он облик твой прекрасный сохранит
Надежнее, чем камень надмогильный.

На землю валит статуи война,
И склепы превращает бунт в руины,
Но не сотрут живые письмена
Ни Марса меч, ни смутные годины.

Тебе не заглушится похвала
Ни кляпом смерти, ни вражды забвеньем
И будет до конца времен мила
Бесчисленным грядущим поколеньям.

Покуда сам не встанешь в день Суда,
Ты будешь жить в моих стихах всегда.

LVI

Sweet love, renew thy force; be it not said
Thy edge should blunter be than appetite,
Which but to-day by feeding is allay'd,
To-morrow sharpen'd in his former might:

So, love, be thou; although to-day thou fill
Thy hungry eyes even till they wink with fullness,
To-morrow see again, and do not kill
The spirit of love with a perpetual dullness.

Let this sad interim like the ocean be
Which parts the shore, where two contracted new
Come daily to the banks, that, when they see
Return of love, more blest may be the view;

Else call it winter, which being full of care
Makes summer's welcome thrice more wish'd, more rare.

LVI

Любовь, не спи! Иль скажут, что не столь
Остро твое, сколь голода, стрекало,
Чья от обильных яств тупеет боль,
Но завтра яств ему вчерашних мало.

Так ты, насытив ныне алчный взор,
С блаженною взираешь неохотой,
Но завтра голод твой опять остер —
Не вытравить твой дух тупой дремотой.

Да будет обрученным двум сердцам
Разлука морем. Пусть, любовь лелея,
Они, по разным стоя берегам,
День ото дня хотят ее острее.

Разлуку зимней стужей назови,
Но тем теплей весенний день любви.

LVII

Being your slave, what should I do but tend
Upon the hours and times of your desire?
I have no precious time* at all to spend,
Nor services to do, till you require.

Nor dare I chide the world-without-end hour
Whilst I, my sovereign, watch the clock for you,
Nor think the bitterness of absence sour
When you have bid your servant once adieu;

Nor dare I question with my jealous thought
Where you may be, or your affairs suppose,
But, like a sad slave, stay and think of nought
Save, where you are how happy you make those.

So true a fool is love that in your will,
Though you do any thing, he thinks no ill.

LVII

Я раб твой, и желанью твоему
Душа моя всегда служить готова:
Я повинуюсь взгляду одному
И твоего лишь ожидаю зова.

Часов тягучих клясть я не могу,
Покуда ожидаю встречи в муке;
Когда же гонишь своего слугу,
Не думаю о горечи разлуки.

Чем занят ты и с кем ты в этот час,
Не смею вызнать помыслом ревнивым.
Одна лишь мысль в рассудке, что погас:
Кого ты нынче делаешь счастливым?

Любовь слепа: на все твои дела
Сквозь пальцы смотрит и не видит зла.

LVIII

That god forbid that made me first your slave,
I should in thought control your times of pleasure,
Or at your hand the account of hours to crave,
Being your vassal, bound to stay your leisure!

O, let me suffer, being at your beck,
The imprison'd absence of your liberty;
And patience, tame to sufferance, bide each cheque,
Without accusing you of injury.

Be where you list, your charter is so strong
That you yourself may privilege your time
To what you will; to you it doth belong
Yourself to pardon of self-doing crime.

I am to wait, though waiting so be hell;
Not blame your pleasure, be it ill or well.

LVIII

И в мыслях бог, надевший мне оковы,
Мне запретил в досуг вторгаться твой
И требовать отчета в нем сурово, -
Вассал я, жду, всегда я под рукой.

Я узник, ты свободен - понимаю,
Зови - примчаться я не премину,
Готов я ждать, упреки принимаю
И никогда тебя не упрекну.

Где хочешь будь. Пожалован ты правом
Знать счет своим минутам и часам
И суд вершить своим делам неправым,
И оправдать себя ты вправе сам.

Твоих забав, будь хороши иль плохи,
Не осуждаю, сдерживая вздохи.

LIX

If there be nothing new, but that which is
Hath been before, how are our brains beguiled,
Which, labouring for invention, bear amiss
The second burden of a former child.

O, that record could with a backward look,
Even of five hundred courses of the sun,
Show me your image in some antique book,
Since mind at first in character was done!

That I might see what the old world could say
To this composed wonder of your frame;
Whether we are mended, or whe'er better they,
Or whether revolution be the same.

O, sure I am, the wits of former days
To subjects worse have given admiring praise.

LIX

Коль то, что есть, все было, и давно,
И нет под солнцем ничего, что ново,
И заблуждаться разуму дано,
Один и тот же плод рождая снова,

То память пусть в седые времена
Лет на пятьсот своим проникнет взором,
Где в первокниге первописьмена
Отобразили облик твой узором.

Взгляну я, как писали искони,
Такую красоту живописуя, -
Кто лучше пишет, мы или они?
Иль времена переменялись всуе?

Но знаю: их едва ли уступал
Оригиналу мой оригинал.

LX

Like as the waves make towards the pebbled shore,
So do our minutes hasten to their end;
Each changing place with that which goes before,
In sequent toil all forwards do contend.

Nativity, once in the main of light,
Crawls to maturity, wherewith being crown'd,
Crooked eclipses 'gainst his glory fight,
And Time that gave doth now his gift confound.

Time doth transfix the flourish set on youth
And delves the parallels in beauty's brow,
Feeds on the rarities of nature's truth,
And nothing stands but for his scythe to mow:

And yet to times in hope my verse shall stand,
Praising thy worth, despite his cruel hand.

LX

Как волны моря к берегу бегут,
Так и минуты тянутся в цепочке
И полнят вечность, свой минутный труд
Свершив и смерть приняв поодиночке.

Младенчество ко зрелости венцу
Ползет, сияя, но затменья злые
Всю славу эту застят, и к концу
Уносит Время все дары мирские:

Канавы роет на челе красы,
Сокровища природные уносит;
Ничто не в силах отвести косы,
Которая все неизбежно скосит.

Но устоит одно: износу нет
Моим стихам, в которых ты воспет.

LXI

Is it thy will thy image should keep open
My heavy eyelids to the weary night?
Dost thou desire my slumbers should be broken,
While shadows like to thee do mock my sight?

Is it thy spirit that thou send'st from thee
So far from home into my deeds to pry,
To find out shames and idle hours in me,
The scope and tenor of thy jealousy?

O, no! thy love, though much, is not so great:
It is my love that keeps mine eye awake;
Mine own true love that doth my rest defeat,
To play the watchman ever for thy sake:

For thee watch I whilst thou dost wake elsewhere,
From me far off, with others all too near.

LXI

Не ты ль мне веки образом своим
Смежить мешаешь среди темной ночи?
Иль не твоим я призраком томим,
Бессонные мои язвящим очи?

Не ты ль ко мне прислал свой грозный дух,
Из ревности ища причин для пени:
Мол, чем там занят твой дражайший друг
И не погряз ли он в стыде и лени?

О нет! Твоя любовь не так сильна,
Моя любовь сильнее - и моя же
Меня в ночи глухой лишает сна
И заставляет бодрствовать на страже.

Пока не спишь, мое не дремлет око:
К другим так близко, от меня - далеко.

LXII

Sin of self-love possesseth all mine eye
And all my soul and all my every part;
And for this sin there is no remedy,
It is so grounded inward in my heart.

Methinks no face so gracious is as mine,
No shape so true, no truth of such account;
And for myself mine own worth do define,
As I all other in all worths surmount.

But when my glass shows me myself indeed,
Beated and chopp'd with tann'd antiquity,
Mine own self-love quite contrary I read;
Self so self-loving were iniquity.

'Tis thee, myself, that for myself I praise,
Painting my age with beauty of thy days.

LXII

Любовь к себе моим владеет оком.
Она в моей душе, в моей крови.
И даже в покаянии жестоком
Не искупить мне грех такой любви.

Я мню, что сердцем преданней любого
И красотой превосхожу стократ,
Что не сыскать достоинства такого,
Каким сполна я не был бы богат.

Но в зеркале я истину внимаю -
В чертах своих читая смерти знак,
Раскаиваюсь я и понимаю:
Нельзя себе себя любить вот так.

Я приукрасил (но ведь мы едины!)
Твоею красотой свои седины.

LXIII

Against my love shall be, as I am now,
With Time's injurious hand crush'd and o'er-worn;
When hours have drain'd his blood and fill'd his brow
With lines and wrinkles; when his youthful morn

Hath travell'd on to age's steepy night,
And all those beauties whereof now he's king
Are vanishing or vanish'd out of sight,
Stealing away the treasure of his spring;

For such a time do I now fortify
Against confounding age's cruel knife,
That he shall never cut from memory
My sweet love's beauty, though my lover's life:

His beauty shall in these black lines be seen,
And they shall live, and he in them still green.

LXIII

На день. когда, как я, моя любовь
Себе весь ужас Времени откроет,
Когда похолодеет в жилах кровь
И старость лоб морщинами изроет;

Когда к обрыву ночи подойдет
И, глядя на красы своей владенья,
Он не найдет весны своей красот,
Годами стертых в прах без сожаленья, -

На день тот я оружие держу,
Твой облик сохранить оно поможет:
Теперь его не выскоблить ножу,
Который тряпки плоти уничтожит.

В колонке черных строк ты будешь жив,
Невозмутимо молод и красив.

LXIV

When I have seen by Time's fell hand defaced
The rich proud cost of outworn buried age;
When sometime lofty towers I see down-razed
And brass eternal slave to mortal rage;

When I have seen the hungry ocean gain
Advantage on the kingdom of the shore,
And the firm soil win of the watery main,
Increasing store with loss and loss with store;

When I have seen such interchange of state,
Or state itself confounded to decay;
Ruin hath taught me thus to ruminate,
That Time will come and take my love away.

This thought is as a death, which cannot choose
But weep to have that which it fears to lose.

LXIV

Когда я вижу на челе морщины,
Их Временем наброшенную сеть,
Высокой башни жалкие руины
И зеленью изъеденную медь;

Когда я вижу, как, валы вращая,
На сушу давит море, как тиран,
И как, расход приходом возмещая,
Теснит всей грудью суша океан;

Когда слежу блестящую карьеру,
Что рухнула, чтоб не подняться вновь,
Я принимаю с горечью на веру,
Что Время унесет мою любовь.

Ужасна мысль, но выбор небогатый -
Лишь плакать остается над утратой.

LXV

Since brass, nor stone, nor earth, nor boundless sea,
But sad mortality o'er-sways their power,
How with this rage shall beauty hold a plea,
Whose action is no stronger than a flower?

O, how shall summer's honey breath hold out
Against the wreckful siege of battering days,
When rocks impregnable are not so stout,
Nor gates of steel so strong, but Time decays?

O fearful meditation! where, alack,
Shall Time's best jewel from Time's chest lie hid?
Or what strong hand can hold his swift foot back?
Or who his spoil of beauty can forbid?

O, none, unless this miracle have might,
That in black ink my love may still shine bright.

LXV

Когда гранит и медь, земля и море
Сдержать не могут мощные века,
Что делать красоте в подобном споре?
Как выстоять на стебельке цветка?

Куда тягаться дуновенью лета
С могучим вихрем беспощадных дней,
Когда скалу во прах стирают лета,
Которые железных врат сильней?

Подумать страшно! Неужели сможет
В ларец упрятать Время свой алмаз?
Кто поступи его предел положит?
Кто красоту от разграбленья спас?

Никто б твоей красы не сохранил,
И нет надежды - без моих чернил.

LXVI

Tired with all these, for restful death I cry,
As, to behold desert a beggar born,
And needy nothing trimm'd in jollity,
And purest faith unhappily forsworn,

And guilded honour shamefully misplaced,
And maiden virtue rudely strumpeted,
And right perfection wrongfully disgraced,
And strength by limping sway disabled,

And art made tongue-tied by authority,
And folly doctor-like controlling skill,
And simple truth miscall'd simplicity,
And captive good attending captain ill:

Tired with all these, from these would I be gone,
Save that, to die, I leave my love alone.

LXVI

Зову я смерть, я видеть не хочу
Достоинство, влачащееся нище,
Ничтожество, одетое в парчу,
Невинности поятой пепелище,

И вероломства дружелюбный взор,
И совершенство, грязью облитое,
И не по чести почести позор,
И попранную мощь немоготою,

И торжество учености пустой,
И рот искусства, заткнутый жестоко,
И искренность, что кличут простотой,
И добродетель в слугах у порока.

Устал я и охотно смерть приму.
Но как тебе тут будет одному?

LXVII

Ah! wherefore with infection should he live,
And with his presence grace impiety,
That sin by him advantage should achieve
And lace itself with his society?

Why should false painting imitate his cheek
And steal dead seeing of his living hue?
Why should poor beauty indirectly seek
Roses of shadow, since his rose is true?

Why should he live, now Nature bankrupt is,
Beggar'd of blood to blush through lively veins?
For she hath no exchequer now but his,
And, proud of many, lives upon his gains.

O, him she stores, to show what wealth she had
In days long since, before these last so bad.

LXVII

Зачем он жив, когда все бытие
Столь мерзостно, порочно и неверно?
Иль обелить бесчестие свое,
Прикрывшись им, рассчитывает скверна?

Зачем румянец мертвый произрос,
Его ланит румянцу подражая?
Зачем красе поддельной тени роз,
Когда цветут его, взор поражая?

Зачем он жив, когда огня ланит
Разжечь не может нищая Природа?
В пустой казне - его казну хранит
И хвалится, нищая год от года.

Она хранит его как образец
Того, что было и чему конец.

LXVIII

Thus is his cheek the map of days outworn,
When beauty lived and died as flowers do now,
Before the bastard signs of fair were born,
Or durst inhabit on a living brow;

Before the golden tresses of the dead,
The right of sepulchres, were shorn away,
To live a second life on second head;
Ere beauty's dead fleece made another gay:

In him those holy antique hours are seen,
Without all ornament, itself and true,
Making no summer of another's green,
Robbing no old to dress his beauty new;

And him as for a map doth Nature store,
To show false Art what beauty was of yore.

LXVIII

Его ланиты - прошлых дней зерцало,
Когда краса цвела легко и всласть
И никаких ублюдков не желала,
Чтоб на ланиты и чело их класть;

Когда покойниц косы золотые
В гробу лежали вместе с головой,
А не вели, в кудряшки завитые,
Чужую жизнь на голове чужой.

Его лицо - тех давних дней отрада,
Довольствуется лишь самим собой.
Его весне чужих цветов не надо,
Он не творит над мертвыми разбой.

Его Природа держит про запас -
Показывать: прекрасно без прикрас!

LXIX

Those parts of thee that the world's eye doth view
Want nothing that the thought of hearts can mend;
All tongues, the voice of souls, give thee that due,
Uttering bare truth, even so as foes commend.

Thy outward thus with outward praise is crown'd;
But those same tongues that give thee so thine own
In other accents do this praise confound
By seeing farther than the eye hath shown.

They look into the beauty of thy mind,
And that, in guess, they measure by thy deeds;
Then, churls, their thoughts, although their eyes were kind,
To thy fair flower add the rank smell of weeds:

But why thy odour matcheth not thy show,
The solve is this, that thou dost common grow.

LXIX

Твои черты увидеть может всяк:
Изъяны в них отыщутся едва ли.
Твой друг признает это и твой враг, -
Вот красота в своем первоначале!

Но тех же судей строгий приговор,
Который прозвучал столь дружным хором,
Окажется иным, когда их взор
Проникнет глубже, чем внимают взором.

Заглянут в мысли, - а судить о них
Нетрудно, ибо мысль красна делами.
К прискорбью, ароматы дел твоих
Испорчены дурными сорняками.

А потому горчит твой аромат,
Что всякого пускаешь ты в свой сад.

LXX

That thou art blamed shall not be thy defect,
For slander's mark was ever yet the fair;
The ornament of beauty is suspect,
A crow that flies in heaven's sweetest air.

So thou be good, slander doth but approve
Thy worth the greater, being woo'd of time;
For canker vice the sweetest buds doth love,
And thou present'st a pure unstained prime.

Thou hast pass'd by the ambush of young days,
Either not assail'd or victor being charged;
Yet this thy praise cannot be so thy praise,
To tie up envy evermore enlarged:

If some suspect of ill mask'd not thy show,
Then thou alone kingdoms of hearts shouldst owe.

LXX

Не повредит! Не бойся клеветы -
Она всегда в погоне за прекрасным,
Придаток неизбежный красоты,
Как черная ворона в небе ясном.

Невинному хула есть похвала,
Она твоих достоинств не погубит:
Ни пятнышка, чисты твои дела,
Хотя червяк бутон послаще любит.

Дней юности опасные места
Ты обошел с достоинством изрядным,
Но чистотою не замкнуть уста
Завистникам тупым и беспощадным.

Когда б не эта кисея клевет,
Твоими были б все сердца, весь свет.

LXXI

No longer mourn for me when I am dead
Then you shall hear the surly sullen bell
Give warning to the world that I am fled
From this vile world, with vilest worms to dwell:

Nay, if you read this line, remember not
The hand that writ it; for I love you so
That I in your sweet thoughts would be forgot
If thinking on me then should make you woe.

O, if, I say, you look upon this verse
When I perhaps compounded am with clay,
Do not so much as my poor name rehearse.
But let your love even with my life decay,

Lest the wise world should look into your moan
And mock you with me after I am gone.

LXXI

Ты смерть мою оплакивай не доле,
Чем колокол тебе речет о ней,
Что я уже из низкой сей юдоли
В нижайшую сошел юдоль червей.

И, бросив грустный взгляд на эти строки,
Не думай о руке, писавшей их.
Забудь! Ведь муки памяти жестоки.
Люблю тебя, не надо слез твоих!

Так вот, когда меня поглотит глина,
Не надобно мне памяти земной
И твоего не надобно помина -
Пускай твоя любовь умрет со мной.

Чтобы не мог, мое услышав имя,
Глумиться мир над стонами твоими.

LXXII

O, lest the world should task you to recite
What merit lived in me, that you should love
After my death, dear love, forget me quite,
For you in me can nothing worthy prove;

Unless you would devise some virtuous lie,
To do more for me than mine own desert,
And hang more praise upon deceased I
Than niggard truth would willingly impart:

O, lest your true love may seem false in this,
That you for love speak well of me untrue,
My name be buried where my body is,
And live no more to shame nor me nor you.

For I am shamed by that which I bring forth,
And so should you, to love things nothing worth.

LXXII

Когда умру, забудь меня, мой друг,
Чтоб никогда не предавать злословью,
Из-за каких таких моих заслуг
Меня любил ты нежною любовью.

Их не было. Но ты, меня любя,
Достоинств мне припишешь целый ворох,
Которых ждут услышать от тебя
И не признает истина которых.

И чтоб своей любви не запятнать
Сим из любви похвальным оговором,
В земле со мной дай имя закопать,
Чтоб не звучало нам оно позором.

Мне стыдно - и со мною наравне
Стыдиться будешь за любовь ко мне.

LXXIII

That time of year thou mayst in me behold
When yellow leaves, or none, or few, do hang
Upon those boughs which shake against the cold,
Bare ruin'd choirs, where late the sweet birds sang.

In me thou seest the twilight of such day
As after sunset fadeth in the west,
Which by and by black night doth take away,
Death's second self, that seals up all in rest.

In me thou see'st the glowing of such fire
That on the ashes of his youth doth lie,
As the death-bed whereon it must expire
Consumed with that which it was nourish'd by.

This thou perceivest, which makes thy love more strong,
To love that well which thou must leave ere long.

LXXIII

Во мне такую пору видишь взором,
Когда листвы закончились пиры,
Почти сметенной холода напором;
На хорах голых смолкли птиц хоры.

Во мне ты видишь сумерки такие,
Когда закат уже почти угас,
И ночь, как смерть, кладет свои слепые
Печати, запечатывая глаз.

Ты видишь головню на пепелище,
Что теплится в золе минувших дней,
Чья некогда живительная пища
Теперь ложится саваном над ней.

Ты видишь все, и все ты понимаешь -
И любишь крепче то, что потеряешь.

LXXIV

But be contented: when that fell arrest
Without all bail shall carry me away,
My life hath in this line some interest,
Which for memorial still with thee shall stay.

When thou reviewest this, thou dost review
The very part was consecrate to thee:
The earth can have but earth, which is his due;
My spirit is thine, the better part of me:

So then thou hast but lost the dregs of life,
The prey of worms, my body being dead,
The coward conquest of a wretch's knife,
Too base of thee to be remembered.

The worth of that is that which it contains,
And that is this, and this with thee remains.

LXXIV

Ты не тужи, когда в тот каземат,
Откуда ходу нет и под залог,
Меня отправят: ты и так богат,
Достаточно тебе вот этих строк.

Их перечтя, найдешь в моих стихах
Все то, что мне оставить надлежит.
И не тужи, что прах ушел во прах. -
Душа моя тебе принадлежит.

И потому совсем невелика
Твоя потеря: я с собой унес
Отходы жизни, пищу червяка,
Косы разбойной жиденький укос.

Во мне ценна душа, ее цени,
Она - в стихах, и у тебя они.

LXXV

So are you to my thoughts as food to life,
Or as sweet-season'd showers are to the ground;
And for the peace of you I hold such strife
As 'twixt a miser and his wealth is found;

Now proud as an enjoyer and anon
Doubting the filching age will steal his treasure,
Now counting best to be with you alone,
Then better'd that the world may see my pleasure;

Sometime all full with feasting on your sight
And by and by clean starved for a look;
Possessing or pursuing no delight,
Save what is had or must from you be took.

Thus do I pine and surfeit day by day,
Or gluttoning on all, or all away.

LXXV

Моим голодным мыслям ты - как пища,
Как жарким летом дождик проливной.
Моя борьба с самим собой почище
Той, что ведет богач с своей казной:

То пыжится он, сколь она огромна,
То всюду воры чудятся ему,
То он о ней помалкивает скромно,
То вдруг похвастать вздумает кому.

Так ныне я твои вкушаю взгляды,
Но день пройдет - я их ищу опять:
В моем несчастьи в чем искать отрады,
Как не тобою взоры насыщать?

День на день не приходится: мой стол
То полон яств, то абсолютно гол.

LXXVI

Why is my verse so barren of new pride,
So far from variation or quick change?
Why with the time do I not glance aside
To new-found methods and to compounds strange?

Why write I still all one, ever the same,
And keep invention in a noted weed,
That every word doth almost tell my name,
Showing their birth and where they did proceed?

O, know, sweet love, I always write of you,
And you and love are still my argument;
So all my best is dressing old words new,
Spending again what is already spent:

For as the sun is daily new and old,
So is my love still telling what is told.

LXXVI

Зачем мой стих не склонен к новостям,
Не ищет перемен и вариаций?
Зачем я не гляжу по сторонам,
Чуждаясь поэтических новаций?

Зачем давно твержу слова одни
И наряжаю их в одно и то же?
Того гляди, расскажут - чьи они,
Откуда родом, на кого похожи!

Да оттого, что в строчках у меня
Лишь ты, моя любовь, моя надежда,
И оттого у слов день изо дня
Из старой перешитая одежда.

Как солнце ныне и вчера - одно,
Так и любовь речет, что речено.

LXXVII

Thy glass will show thee how thy beauties wear,
Thy dial how thy precious minutes waste;
The vacant leaves thy mind's imprint will bear,
And of this book this learning mayst thou taste.

The wrinkles which thy glass will truly show
Of mouthed graves will give thee memory;
Thou by thy dial's shady stealth mayst know
Time's thievish progress to eternity.

Look, what thy memory can not contain
Commit to these waste blanks, and thou shalt find
Those children nursed, deliver'd from thy brain,
To take a new acquaintance of thy mind.

These offices, so oft as thou wilt look,
Shall profit thee and much enrich thy book.

LXXVII

Твое старенье зеркало покажет,
Часы - твои утраты проследят,
На чистый лист, быть может, строчка ляжет
Как твоего раздумья результат.

Твои морщины в зеркале нелгущем
Тебе напомнят смертный приговор,
А циферблат - о времени бегущем
В безвременье неслышно, словно вор.

Но сохранят тебе страницы эти
То, что не в силах память удержать, -
И мысли стайкой резво, словно дети,
Тебе навстречу выбегут опять.

Раскроешь книгу, счастливый знакомством
С забытым, но живым своим потомством.

LXXVIII

So oft have I invoked thee for my Muse
And found such fair assistance in my verse
As every alien pen hath got my use
And under thee their poesy disperse.

Thine eyes that taught the dumb on high to sing
And heavy ignorance aloft to fly
Have added feathers to the learned's wing
And given grace a double majesty.

Yet be most proud of that which I compile,
Whose influence is thine and born of thee:
In others' works thou dost but mend the style,
And arts with thy sweet graces graced be;

But thou art all my art and dost advance
As high as learning my rude ignorance.

LXXVIII

К тебе как к Музе столько я взывал
И помощь получал твою при этом,
Что, как и мне, взывать к тебе настал
Черед другим завистливым поэтам.

Немому мне твой взор уста раскрыл,
Невежество уча летать по-птичьи,
А им, ученым, дал он пару крыл,
Изяществу их дал полет величья.

Но все же ты стихом гордись моим -
Он дух от духа твой и плоть от плоти,
Ведь только слог подправил ты другим
И придал совершенство их работе.

Ты - все мое искусство, неуч я,
И вся наука у меня - твоя!

LXXIX

Whilst I alone did call upon thy aid,
My verse alone had all thy gentle grace,
But now my gracious numbers are decay'd
And my sick Muse doth give another place.

I grant, sweet love, thy lovely argument
Deserves the travail of a worthier pen,
Yet what of thee thy poet doth invent
He robs thee of and pays it thee again.

He lends thee virtue and he stole that word
From thy behavior; beauty doth he give
And found it in thy cheek; he can afford
No praise to thee but what in thee doth live.

Then thank him not for that which he doth say,
Since what he owes thee thou thyself dost pay.

LXXIX

Покуда я взывал к тебе один,
В мой стих вливалось все твое искусство.
Теперь же ты стал многим господин,
И стих мой растерял былое чувство.

Достоин ты, об этом спору нет,
И лучшего пера, и вдохновенья,
Но все, что в дар тебе несет поэт,
Им взято у тебя с соизволенья.

Ты осознай даров его тщету:
Тебе твою несет он добродетель,
Твою же преподносит красоту,
Которым он в тебе простой свидетель.

Ты платишь сам за все и потому
Платить еще не должен никому.

LXXX

O, how I faint when I of you do write,
Knowing a better spirit doth use your name,
And in the praise thereof spends all his might,
To make me tongue-tied, speaking of your fame!

But since your worth, wide as the ocean is,
The humble as the proudest sail doth bear,
My saucy bark inferior far to his
On your broad main doth wilfully appear.

Your shallowest help will hold me up afloat,
Whilst he upon your soundless deep doth ride;
Or being wreck'd, I am a worthless boat,
He of tall building and of goodly pride:

Then if he thrive and I be cast away,
The worst was this; my love was my decay.

LXXX

Немею я, когда тебя пою
И знаю, что другой тебе во славу
Настроил лиру звонкую свою, -
И уступить его готов я праву.

Но красоте твоей предела нет
И морю добродетелей нет краю,
Есть место в нем, - плывет чужой корвет,
И я в челне убогом выплываю.

Лишь с помощью твоей я не тону,
Корвет же гордо реет, словно птица,
Но пусть мой жалкий челн пойдет ко дну,
А тот корвет во всей красе промчится,

И пусть он верх одержит надо мной -
Любовь крушенью моему виной.

LXXXI

Or I shall live your epitaph to make,
Or you survive when I in earth am rotten;
From hence your memory death cannot take,
Although in me each part will be forgotten.

Your name from hence immortal life shall have,
Though I, once gone, to all the world must die:
The earth can yield me but a common grave,
When you entombed in men's eyes shall lie.

Your monument shall be my gentle verse,
Which eyes not yet created shall o'er-read,
And tongues to be your being shall rehearse
When all the breathers of this world are dead;

You still shall live -- such virtue hath my pen --
Where breath most breathes, even in the mouths of men.

LXXXI

Иль мне тебе надгробный стих слагать,
Иль ты меня проводишь до могилы,
Тебя отсюда смерть не в силах взять,
Хоть взять меня у ней достанет силы.

Здесь имя сохранишь ты на века,
Я - безымянным кану в тенях ночи,
В простой могиле пищей червяка,
Тебя ж узреть живые смогут очи.

Твой памятник - мой стих, его узрят
И прочитают очи лет грядущих,
И языком грядущим повторят,
Когда умолкнут языки живущих.

Ты будешь вечно жить в моих стихах
Живым дыханьем духа на устах.

LXXXII

I grant thou wert not married to my Muse
And therefore mayst without attaint o'erlook
The dedicated words which writers use
Of their fair subject, blessing every book

Thou art as fair in knowledge as in hue,
Finding thy worth a limit past my praise,
And therefore art enforced to seek anew
Some fresher stamp of the time-bettering days

And do so, love; yet when they have devised
What strained touches rhetoric can lend,
Thou truly fair wert truly sympathized
In true plain words by thy true-telling friend;

And their gross painting might be better used
Where cheeks need blood; in thee it is abused.

LXXXII

Ты в жены Музу у меня не брал
И волен потому со снисхожденьем
Внимать исполненным тебе похвал
И прочих стихотворцев сочиненьям.

Ты внешностью прекрасен и умом,
Но моего, как видно, мало чувства,
Ты стал искать похвал себе в другом,
Надеясь на новейшее искусство.

Ну что ж, вкуси риторики плодов,
Но после этой принужденной встречи
Признай тепло моих правдивых слов
И искренность моей открытой речи.

Пусть просит краски бледная щека,
А ты и без румян хорош пока.

LXXXIII

I never saw that you did painting need
And therefore to your fair no painting set;
I found, or thought I found, you did exceed
The barren tender of a poet's debt;

And therefore have I slept in your report,
That you yourself being extant well might show
How far a modern quill doth come too short,
Speaking of worth, what worth in you doth grow.

This silence for my sin you did impute,
Which shall be most my glory, being dumb;
For I impair not beauty being mute,
When others would give life and bring a tomb.

There lives more life in one of your fair eyes
Than both your poets can in praise devise.

LXXXIII

Что ты румян взыскуешь, я не знал,
Засим я избегал прикрас тлетворных;
Я полагал, ты выше всех похвал
И выше подношений стихотворных.

Так долго и молчал я потому,
Что сам в своем достоинстве и благе
Доказываешь ты, что никому
Не передать их словом на бумаге.

Ты мне во грех вменяешь немоту,
Ту, что тебя нисколько не уронит:
Не порчу я словами красоту,
В то время как другой ее хоронит.

Твой глаз один такого полон света,
Что не уложат в стих и два поэта.

LXXXIV

Who is it that says most? which can say more
Than this rich praise, that you alone are you?
In whose confine immured is the store
Which should example where your equal grew.

Lean penury within that pen doth dwell
That to his subject lends not some small glory;
But he that writes of you, if he can tell
That you are you, so dignifies his story,

Let him but copy what in you is writ,
Not making worse what nature made so clear,
And such a counterpart shall fame his wit,
Making his style admired everywhere.

You to your beauteous blessings add a curse,
Being fond on praise, which makes your praises worse.

LXXXIV

Кто скажет в похвалу тебе слова,
Богаче этих: ты есть ты, и только?
Внимать им у кого еще права?
И в чьей еще казне сокровищ столько?

Не вылезет тот стих из нищеты,
Что похвалою не добавит чести,
Но тот, что просто скажет: ты есть ты,
Украсит и себя с тобою вместе.

Все, что тебе природою дано,
Копируя, ничуть он не прибавит,
Правдивое рисуя полотно,
И тем себя повсюду он прославит.

А ты любезно внемлешь похвалы,
Которые тебе страшней хулы.

LXXXV

My tongue-tied Muse in manners holds her still,
While comments of your praise, richly compiled,
Reserve their character with golden quill
And precious phrase by all the Muses filed.

I think good thoughts whilst other write good words,
And like unletter'd clerk still cry 'Amen'
To every hymn that able spirit affords
In polish'd form of well-refined pen.

Hearing you praised, I say "Tis so, 'tis true,'
And to the most of praise add something more;
But that is in my thought, whose love to you,
Though words come hindmost, holds his rank before.

Then others for the breath of words respect,
Me for my dumb thoughts, speaking in effect.

LXXXV

Во мне немая Муза так робка,
Когда другие перья навострили,
И в честь твою течет похвал река,
Написанных в наипышнейшем стиле.

Что в слове эти, в мыслях я держу.
Пусть тратятся они на украшенья,
Я служкою неграмотным твержу
Свое "аминь" на эти песнопенья.

На похвалу тебе - "Все это так!
Все истина!" - реку, не споря с нею,
Но в мыслях не такой уж я простак
И, даром что молчу, люблю сильнее.

Цени других за громких слов напор,
Меня - за молчаливых мыслей хор.

LXXXVI

Was it the proud full sail of his great verse,
Bound for the prize of all too precious you,
That did my ripe thoughts in my brain inhearse,
Making their tomb the womb wherein they grew?

Was it his spirit, by spirits taught to write
Above a mortal pitch, that struck me dead?
No, neither he, nor his compeers by night
Giving him aid, my verse astonished.

He, nor that affable familiar ghost
Which nightly gulls him with intelligence
As victors of my silence cannot boast;
I was not sick of any fear from thence:

But when your countenance fill'd up his line,
Then lack'd I matter; that enfeebled mine.

LXXXVI

Ужель его поднявший парус стих,
Который за тобой нажива гонит,
Раздумия мои в утробе их,
Сиречь в моем мозгу, теперь хоронит?

Ужель ученый духом дух его,
Что внял нечеловечьего дыханья,
Отчаянья виновник моего
И моего столь долгого молчанья?

О нет! Ни стих, ни дух его ночной
Похвастаться не могут пред тобою
Блестящею победой надо мной,
Моею наслаждаясь немотою.

Но благосклонности твоей печать,
Что вижу в нем, велела мне молчать.

LXXXVII

Farewell! thou art too dear for my possessing,
And like enough thou know'st thy estimate:
The charter of thy worth gives thee releasing;
My bonds in thee are all determinate.

For how do I hold thee but by thy granting?
And for that riches where is my deserving?
The cause of this fair gift in me is wanting,
And so my patent back again is swerving.

Thyself thou gavest, thy own worth then not knowing,
Or me, to whom thou gavest it, else mistaking;
So thy great gift, upon misprision growing,
Comes home again, on better judgment making.

Thus have I had thee, as a dream doth flatter,
In sleep a king, but waking no such matter.

LXXXVII

Ну что ж, прощай! Ты не по чину мне:
Ты ныне стал ценить себя дороже.
Тебе судить и о своей цене
И выбирать себе владельца тоже.

Твой дар нежданный я принять был рад,
Ведь никаких заслуг я не имею.
Теперь ты свой патент берешь назад,
Равно как выдал волею своею.

Иль ты не знал тогда своей цены,
Иль обо мне ты рассудил превратно?
Теперь ошибки все устранены -
Ты забираешь данное обратно.

Во сне я мнил: ты - собственность моя;
Я был король, но вот проснулся я.

LXXXVIII

When thou shalt be disposed to set me light,
And place my merit in the eye of scorn,
Upon thy side against myself I'll fight,
And prove thee virtuous, though thou art forsworn.

With mine own weakness being best acquainted,
Upon thy part I can set down a story
Of faults conceal'd, wherein I am attainted,
That thou in losing me shalt win much glory:

And I by this will be a gainer too;
For bending all my loving thoughts on thee,
The injuries that to myself I do,
Doing thee vantage, double-vantage me.

Such is my love, to thee I so belong,
That for thy right myself will bear all wrong.

LXXXVIII

Когда меня посмешищем на суд
Ты выставишь, смеясь со всеми вместе,
Я сторону твою приму и тут
В защиту правоты твоей и чести.

Скажу, мол, это я всему виной
И, мол, никто тебя винить не вправе -
И в результате твой разрыв со мной
Окажется тебе лишь к вящей славе.

Тебя своим позором обелю,
Себе при этом выгоду имея:
Хоть брошен я, но я тебя люблю,
Ты будешь прав - и буду прав вдвойне я.

И дабы не постиг тебя позор,
Любой готов принять я приговор.

LXXXIX

Say that thou didst forsake me for some fault,
And I will comment upon that offence;
Speak of my lameness, and I straight will halt,
Against thy reasons making no defence.

Thou canst not, love, disgrace me half so ill,
To set a form upon desired change,
As I'll myself disgrace: knowing thy will,
I will acquaintance strangle and look strange,

Be absent from thy walks, and in my tongue
Thy sweet beloved name no more shall dwell,
Lest I, too much profane, should do it wrong
And haply of our old acquaintance tell.

For thee against myself I'll vow debate,
For I must ne'er love him whom thou dost hate.

LXXXIX

Чтоб оправдать разрыв, ты оболги,
Найди во мне изъян - я подыграю;
Скажи, мол, хром на обе я ноги,
Безропотно я тут же захромаю.

Сколь низким ты меня ни назови,
Чтоб выглядеть в своей измене краше,
Себя сильней унижу, из любви,
И в корне пресеку знакомство наше.

Не попадусь я взору твоему
И нежное твое забуду имя,
Чтоб нашего знакомства никому
Не выдал голос звуками своими.

С собой бороться стану что есть сил -
Не мил тебе, я и себе не мил.

XC

Then hate me when thou wilt; if ever, now;
Now, while the world is bent my deeds to cross,
Join with the spite of fortune, make me bow,
And do not drop in for an after-loss:

Ah, do not, when my heart hath 'scoped this sorrow,
Come in the rearward of a conquer'd woe;
Give not a windy night a rainy morrow,
To linger out a purposed overthrow.

If thou wilt leave me, do not leave me last,
When other petty griefs have done their spite
But in the onset come; so shall I taste
At first the very worst of fortune's might,

And other strains of woe, which now seem woe,
Compared with loss of thee will not seem so.

XC

Коль ты решил, порви со мной теперь,
Теперь, когда я предан страшным карам;
Не будь последней из моих потерь,
Ударь меня - и не тяни с ударом.

Порви теперь, а не когда-нибудь,
Когда из бед я выйду безмятежным;
Ты ливнем после тьмы ночной не будь
И не тяни с разрывом неизбежным.

И ежели решил, не надо ждать.
Пока всю горечь бед своих измерю:
Порви со мной теперь и дай познать
Сперва наигорчайшую потерю.

И сколь ужасна ныне жизнь моя,
Тебя утратив, не замечу я.

XCI

Some glory in their birth, some in their skill,
Some in their wealth, some in their bodies' force,
Some in their garments, though new-fangled ill,
Some in their hawks and hounds, some in their horse;

And every humour hath his adjunct pleasure,
Wherein it finds a joy above the rest:
But these particulars are not my measure;
All these I better in one general best.

Thy love is better than high birth to me,
Richer than wealth, prouder than garments' cost,
Of more delight than hawks or horses be;
And having thee, of all men's pride I boast:

Wretched in this alone, that thou mayst take
All this away and me most wretched make.

XCI

Кто счастлив родословной, кто умом,
Кто силою, кто полною казною,
Кто соколом, кто псами, кто конем.
Кто пышностью наряда показною

У каждого свое в своей цене,
И каждому дано свое пристрастье.
Их счастья, по частям, не нужно мне
Огромное мое едино счастье.

Твоя любовь почетней всех гербов,
Казны дороже и богаче платья,
Престижней жеребцов и соколов,
С ней большего не в силах пожелать я.

Но все отнять ты можешь, - вот беда!
Меня несчастным сделав навсегда.

XCII

But do thy worst to steal thyself away,
For term of life thou art assured mine,
And life no longer than thy love will stay,
For it depends upon that love of thine.

Then need I not to fear the worst of wrongs,
When in the least of them my life hath end.
I see a better state to me belongs
Than that which on thy humour doth depend;

Thou canst not vex me with inconstant mind,
Since that my life on thy revolt doth lie.
O, what a happy title do I find,
Happy to have thy love, happy to die!

But what's so blessed-fair that fears no blot?
Thou mayst be false, and yet I know it not.

XCII

Сколь у меня себя, мой друг, ни рви,
Моею жизнью ты ко мне прикован:
Не крепче жизнь моя твоей любви -
Один конец обеим уготован.

Не трепещу пред мщением твоим -
Убит я буду малым наказаньем.
Как видишь, статус мой неуязвим -
Его не изменить твоим желаньем.

Не взять меня ни гневу на испуг,
Ни переменам духа прихотливым:
Изменишь - и убьешь меня, мой друг.
С тобой был счастлив - и умру счастливь

Кто может это счастье запятнать?
Ты можешь изменить, а я - не знать.

XCIII

So shall I live, supposing thou art true,
Like a deceived husband; so love's face
May still seem love to me, though alter'd new;
Thy looks with me, thy heart in other place:

For there can live no hatred in thine eye,
Therefore in that I cannot know thy change.
In many's looks the false heart's history
Is writ in moods and frowns and wrinkles strange,

But heaven in thy creation did decree
That in thy face sweet love should ever dwell;
Whate'er thy thoughts or thy heart's workings be,
Thy looks should nothing thence but sweetness tell.

How like Eve's apple doth thy beauty grow,
If thy sweet virtue answer not thy show!

XCIII

Я буду жить в неведеньи своем,
Как муж рогатый; и в лице, что мило,
Искать любовь, хоть знаю обо всем:
Твой взор со мной, а сердце изменило.

Измену я читаю по глазам,
По сумрачности взора это ясно,
Но взор твой честный для меня бальзам:
Измены нет в глазах, они прекрасны!

Тебя ведь так Природа создала,
Чтоб лик твой источал любовь и
Какого б ни таило сердце зла,
Твой взор покажет миру только ела,

Так, в сердце добродетель не тая,
Как Евы яблоко - краса твоя.

XCIV

They that have power to hurt and will do none,
That do not do the thing they most do show,
Who, moving others, are themselves as stone,
Unmoved, cold, and to temptation slow,

They rightly do inherit heaven's graces
And husband nature's riches from expense;
They are the lords and owners of their faces,
Others but stewards of their excellence.

The summer's flower is to the summer sweet,
Though to itself it only live and die,
But if that flower with base infection meet,
The basest weed outbraves his dignity:

For sweetest things turn sourest by their deeds;
Lilies that fester smell far worse than weeds.

XCIV

Кто, власть имея, сильною рукою
Зла не чинит, являя сильный дух,
Кто двигает других, но сам скалою
Стоит неколебим, к соблазнам глух,

По праву тот своей казной великой
Владычествует, всуе не губя, -
Он сам себе является владыкой,
Все прочие - лишь слуги у себя.

Цветок украсит лето дивным цветом,
Собой владея всем, до лепестка,
Но, коль его бутон с гнильцой при этом,
Такой цветок не лучше сорняка.

Прекрасное подчас делами плохо:
В гнилой лилее дух чертополоха.

XCV

How sweet and lovely dost thou make the shame
Which, like a canker in the fragrant rose,
Doth spot the beauty of thy budding name!
O, in what sweets dost thou thy sins enclose!

That tongue that tells the story of thy days,
Making lascivious comments on thy sport,
Cannot dispraise but in a kind of praise;
Naming thy name blesses an ill report.

O, what a mansion have those vices got
Which for their habitation chose out thee,
Where beauty's veil doth cover every blot,
And all things turn to fair that eyes can see!

Take heed, dear heart, of this large privilege;
The hardest knife ill-used doth lose his edge.

XCV

О как прекрасен ты в грехе своем,
Который, как червяк в бутоне розы,
На имени твоем лежит пятном, -
Но облик твой отводит все угрозы!

О похоти твоей молва пошла,
Глумясь над похожденьями твоими,
Но из хулы выходит похвала,
Едва она твое помянет имя.

Дворец прекрасный оскверняешь ты,
Явив себя пристанищем порока,
Чьи пятна под прикрытьем красоты,
Как ни гляди, невидимы для ока.

Хоть в праве ты своем, подумай все ж:
Ведь резать, что не режут, - портить нож.

XCVI

Some say thy fault is youth, some wantonness;
Some say thy grace is youth and gentle sport;
Both grace and faults are loved of more and less;
Thou makest faults graces that to thee resort.

As on the finger of a throned queen
The basest jewel will be well esteem'd,
So are those errors that in thee are seen
To truths translated and for true things deem'd.

How many lambs might the stem wolf betray,
If like a lamb he could his looks translate!
How many gazers mightst thou lead away,
If thou wouldst use the strength of all thy state!

But do not so; I love thee in such sort
As, thou being mine, mine is thy good report.

XCVI

Иной винит твои младые лета,
Иной в них видит прелести залог,
Но тот и этот любят то и это, -
Достоинством твой выглядит порок.

Поддельный перстень на руке державной
Едва ли кто признает таковым,
И точно так поступок твой бесславный
Сочтут едва ль не подвигом твоим.

О сколько б агнцев волк зарезал злобный
Когда б овечью шкуру он имел!
О скольких ты красою бесподобной
Сгубил бы, если б только захотел!

Не надо! Ибо все твое - мое.
Мое и имя доброе твое.

XCVII

How like a winter hath my absence been
From thee, the pleasure of the fleeting year!
What freezings have I felt, what dark days seen!
What old December's bareness everywhere!

And yet this time removed was summer's time,
The teeming autumn, big with rich increase,
Bearing the wanton burden of the prime,
Like widow'd wombs after their lords' decease:

Yet this abundant issue seem'd to me
But hope of orphans and unfather'd fruit;
For summer and his pleasures wait on thee,
And, thou away, the very birds are mute;

Or, if they sing, 'tis with so dull a cheer
That leaves look pale, dreading the winter's near.

XCVII

Какой зимою стала для меня
Разлука наша, о услада года!
Как я замерз, во тьме не видя дня. -
Бесплодная декабрьская погода!

В разлуке этой лета дни прошли,
За ними осень с жатвой золотою
И прочими исчадьями земли
Прошла вослед брюхатою вдовою.

Но лишь сиротство видел я вокруг,
Вотще плодоношенье это пышно:
Нет лета без тебя, любезный друг,
И без тебя мне певчих птиц не слышно.

А если свистнут, жалок этот свист,
И в страхе пред зимой бледнеет лист.

XCVIII

From you have I been absent in the spring,
When proud-pied April dress'd in all his trim
Hath put a spirit of youth in everything,
That heavy Saturn laugh'd and leap'd with him.

Yet nor the lays of birds nor the sweet smell
Of different flowers in odour and in hue
Could make me any summer's story tell,
Or from their proud lap pluck them where they grew;

Nor did I wonder at the lily's white,
Nor praise the deep vermilion in the rose;
They were but sweet, but figures of delight,
Drawn after you, you pattern of all those.

Yet seem'd it winter still, and, you away,
As with your shadow I with these did play.

XCVIII

С тобою разлучились мы весною,
Когда апрель нарядный расписал
Луга своею кисточкой цветною
И сам Сатурн смеялся и плясал.

Ни щебет птиц, ни луга ароматы,
Ни свежесть расцветающей земли
Не скрашивали мне моей утраты
И в хоровод повлечь свой не могли.

Середь белых лилий я стоял в печали,
Не славил роз румяных торжество -
Они, как списки об оригинале.
Мне речь вели - не более того.

Глухой зимой казалось это лето:
Но мне, лишь тень твоя вся роскошь эта.

XCIX

The forward violet thus did I chide:
Sweet thief, whence didst thou steal thy sweet that smells,
If not from my love's breath? The purple pride
Which on thy soft cheek for complexion dwells

In my love's veins thou hast too grossly dyed.
The lily I condemned for thy hand,
And buds of marjoram had stol'n thy hair:
The roses fearfully on thorns did stand,

One blushing shame, another white despair;
A third, nor red nor white, had stol'n of both
And to his robbery had annex'd thy breath;
But, for his theft, in pride of all his growth
A vengeful canker eat him up to death.

More flowers I noted, yet I none could see
But sweet or colour it had stol'n from thee.

XCIX

Пенял фиалке я: "Не ты ли с уст
Любимого украла ароматы?
И пурпур лепестков, что слишком густ,
Ужели не из жил его взяла ты?"

Руки твоей у лилий белизна,
А цвет волос - в бутонах майорана;
Воровка роза от стыда красна,
Бела другая - в страхе от обмана,

А третья - не красна и не бела,
Взяла себе твое дыханье лета;
Такие наказуемы дела -
И ест ее теперь червяк за это.

Прекрасными цветами полон сад,
Но крадены их цвет и аромат.

C

Where art thou, Muse, that thou forget'st so long
To speak of that which gives thee all thy might?
Spend'st thou thy fury on some worthless song,
Darkening thy power to lend base subjects light?

Return, forgetful Muse, and straight redeem
In gentle numbers time so idly spent;
Sing to the ear that doth thy lays esteem
And gives thy pen both skill and argument.

Rise, resty Muse, my love's sweet face survey,
If Time have any wrinkle graven there;
If any, be a satire to decay,
And make Time's spoils despised everywhere.

Give my love fame faster than Time wastes life;
So thou prevent'st his scythe and crooked knife.

C

О Муза, что-то голос твой исчез!
Что ж не поешь источник вдохновенья?
Иль тратишься на скудной ниве пьес,
Ничтожные кропая сочиненья?

Забывчивая, воротись и пой,
И в песнях возмести свои растраты
Тому, кто дал тебе и голос твой,
И мастерство, которым днесь жива ты.

Все борозды с чела его сотри,
Что Время нанесло стилом тяжелым,
Перо свое сатирой заостри
И на смех Время подними глаголом!

Спеши воспеть недолгую красу
И Времени останови косу.

CI

O truant Muse, what shall be thy amends
For thy neglect of truth in beauty dyed?
Both truth and beauty on my love depends;
So dost thou too, and therein dignified.

Make answer, Muse: wilt thou not haply say
'Truth needs no colour, with his colour fix'd;
Beauty no pencil, beauty's truth to lay;
But best is best, if never intermix'd?'

Because he needs no praise, wilt thou be dumb?
Excuse not silence so; for't lies in thee
To make him much outlive a gilded tomb,
And to be praised of ages yet to be.

Then do thy office, Muse; I teach thee how
To make him seem long hence as he shows now.

CI

Ты, верностью в красе пренебрегая,
О Муза, извиненье сыщешь где?
Ведь, красоту и верность воспевая
В возлюбленном, прославишься везде.

Иль скажешь, мол, для верности румяна
Не нужны, есть у ней свои цвета;
Мол, красота верна, коль без изъяна,
Не тронь, коль совершенна красота?

Доколе, Муза, будешь ты лениться?
Не смей молчать! Ты петь его должна
Так, чтоб, когда падет его гробница,
Он был во все прославлен времена.

Возьмемся же за дело мы отныне,
Чтоб сохранить его таким, как ныне.

CII

My love is strengthen'd, though more weak in seeming;
I love not less, though less the show appear:
That love is merchandized whose rich esteeming
The owner's tongue doth publish everywhere.

Our love was new and then but in the spring
When I was wont to greet it with my lays,
As Philomel in summer's front doth sing
And stops her pipe in growth of riper days:

Not that the summer is less pleasant now
Than when her mournful hymns did hush the night,
But that wild music burthens every bough
And sweets grown common lose their dear delight.

Therefore like her I sometime hold my tongue,
Because I would not dull you with my song.

CII

Любовь моя сильна не напоказ,
Не напоказ вдвойне она нежнее.
Словесных ей не надобно прикрас,
Ведь не торгую я на рынке ею.

Когда любовь пришла к тебе и мне,
Я пел ее младенческие лета,
Как соловей, что звонок по весне,
Но замолкает к середине лета.

Не то чтоб лето хуже, чем весна,
Когда свистал певец в ночном дозоре,
Но летом с каждой ветки песнь слышна,
А соловей не свищет в общем хоре.

Надоедать из хора не хочу
И потому, как соловей, молчу.

CIII

Alack, what poverty my Muse brings forth,
That having such a scope to show her pride,
The argument all bare is of more worth
Than when it hath my added praise beside!

O, blame me not, if I no more can write!
Look in your glass, and there appears a face
That over-goes my blunt invention quite,
Dulling my lines and doing me disgrace.

Were it not sinful then, striving to mend,
To mar the subject that before was well?
For to no other pass my verses tend
Than of your graces and your gifts to tell;

And more, much more, than in my verse can sit
Your own glass shows you when you look in it.

CIII

Я б с нищей Музой петь тебя был рад -
Желанья славы с нею мы не чужды,
Но наш предмет достойнее стократ,
И в наших похвалах ему нет нужды.

Поэтому стихов не жди моих.
Ты в зеркале своем увидишь взором
Прекрасный лик, который жалкий стих
Покроет несмываемым позором.

Тут править что-то было бы грешно:
Корежить идеал никто не вправе.
А у меня призвание одно -
Тебя воспеть к твоей великой славе.

Ведь то, что видишь в зеркале своем,
Прекраснее того, что мы споем.

CIV

To me, fair friend, you never can be old,
For as you were when first your eye I eyed,
Such seems your beauty still. Three winters cold
Have from the forests shook three summers' pride,

Three beauteous springs to yellow autumn turn'd
In process of the seasons have I seen,
Three April perfumes in three hot Junes burn'd,
Since first I saw you fresh, which yet are green.

Ah, yet doth beauty, like a dial-hand,
Steal from his figure and no pace perceived;
So your sweet hue, which methinks still doth stand,
Hath motion and mine eye may be deceived:

For fear of which, hear this, thou age unbred;
Ere you were born was beauty's summer dead.

CIV

Ты неизменно юн в глазах моих,
Ведь ты прекрасен так же, как вначале,
При первой встрече. Три зимы седых
Трех лет наряды с пышных крон сорвали,

Трех весен зелень трижды в желтизне
Трех осеней безропотно сгорела,
Но перемен в тебе не видно мне,
Тебя затронуть Время не сумело.

Но красота, как стрелка на часах,
Смещается, хоть скрадено движенье.
Так ты, хоть и застыл в моих глазах,
Все ж старишься, обманывая зренье.

Так вот страшись и знай, ты, темнота, -
От веку умирала красота.

CV

Let not my love be call'd idolatry,
Nor my beloved as an idol show,
Since all alike my songs and praises be
To one, of one, still such, and ever so.

Kind is my love to-day, to-morrow kind,
Still constant in a wondrous excellence;
Therefore my verse to constancy confined,
One thing expressing, leaves out difference.

'Fair, kind and true' is all my argument,
'Fair, kind, and true' varying to other words;
And in this change is my invention spent,
Three themes in one, which wondrous scope affords.

'Fair, kind, and true,' have often lived alone,
Which three till now never kept seat in one.

CV

Пусть не винят в язычестве меня -
Не идол мой возлюбленный нисколько,
Хоть, как язычник, я день изо дня
Пою ему, хвалу ему - и только.

Красив и нежен он, любовь моя,
И постоянен равно неизменно,
И неизменно постоянству я
Свои стихи слагаю вдохновенно.

"Прекрасный, добрый, верный", - я твержу,
"Прекрасный, добрый, верный", - только это,
И темы я другой не нахожу:
Все три в одном - вот тема для поэта!

"Прекрасный, добрый, верный" - врозь подчас,
Но вот все три в одном на этот раз.

CVI

When in the chronicle of wasted time
I see descriptions of the fairest wights,
And beauty making beautiful old rhyme
In praise of ladies dead and lovely knights,

Then, in the blazon of sweet beauty's best,
Of hand, of foot, of lip, of eye, of brow,
I see their antique pen would have express'd
Even such a beauty as you master now.

So all their praises are but prophecies
Of this our time, all you prefiguring;
And, for they look'd but with divining eyes,
They had not skill enough your worth to sing:

For we, which now behold these present days,
Had eyes to wonder, but lack tongues to praise.

CVI

Листая хроник древние листы
О красоте людей времен тех дальних,
Прочту стихи во славу красоты
Красавиц и красавцев идеальных.

Но вижу я, что древнее стило
В своей чудесной красоты картине
Ланиты, очи, губы и чело
Дает точь-в-точь как ты являешь ныне.

Тебя, как видно, видели они
И описали силою прозренья.
Проникнув оком прямо в наши дни,
Но не хватило зренья и уменья.

А что прикажешь делать нам сейчас,
Чей нем язык, хотя дивится глаз?

CVII

Not mine own fears, nor the prophetic soul
Of the wide world dreaming on things to come,
Can yet the lease of my true love control,
Supposed as forfeit to a confined doom.

The mortal moon hath her eclipse endured
And the sad augurs mock their own presage;
Incertainties now crown themselves assured
And peace proclaims olives of endless age.

Now with the drops of this most balmy time
My love looks fresh, and death to me subscribes,
Since, spite of him, I'll live in this poor rhyme,
While he insults o'er dull and speechless tribes:

And thou in this shalt find thy monument,
When tyrants' crests and tombs of brass are spent.

CVII

Ни страх мой, ни вселенский дух-пророк,
Чье тьму времен пронизывает око,
Любви моей мне не укажет срок,
Хотя она дана мне лишь до срока.

Затмилась тихо смертная луна,
Пророчества авгуров вышли лживы,
Уверенность на трон возведена,
И вечные объявлены оливы.

И это все - бальзам на раны мне,
Любовь моя свежа, я весел снова -
И не умру с другими наравне,
Которые в веках не имут слова.

В стихах и ты пребудешь - и скорей
Падут гробницы и гербы царей.

CVIII

What's in the brain that ink may character
Which hath not figured to thee my true spirit?
What's new to speak, what new to register,
That may express my love or thy dear merit?

Nothing sweet boy; but yet, like prayers divine,
I must, each day say o'er the very same,
Counting no old thing old, thou mine, I thine,
Even as when first I hallow'd thy fair name.

So that eternal love in love's fresh case
Weighs not the dust and injury of age,
Nor gives to necessary wrinkles place,
But makes antiquity for aye his page,

Finding the first conceit of love there bred
Where time and outward form would show it dead.

CVIII

Что в мыслях есть, достойное бумаги,
Чего мой верный дух тебе не дал?
Какой еще он не принес присяги?
Каких еще не высказал похвал?

Нет ничего. Но все же днем и ночью
Твержу я, как молитву, все одно:
Ты - мой, я - твой, с тех пор как я воочью
Узрел тебя, - другого не дано.

Бессмертная любовь, рождаясь снова,
Не видит седины - она свежа,
Морщины нипочем ей - и готова
Из старика творить себе пажа,

И вспыхивает в сердце с новой силой
Там, где наружность кажется могилой.

CIX

O, never say that I was false of heart,
Though absence seem'd my flame to qualify.
As easy might I from myself depart
As from my soul, which in thy breast doth lie:

That is my home of love: if I have ranged,
Like him that travels I return again,
Just to the time, not with the time exchanged,
So that myself bring water for my stain.

Never believe, though in my nature reign'd
All frailties that besiege all kinds of blood,
That it could so preposterously be stain'd,
To leave for nothing all thy sum of good;

For nothing this wide universe I call,
Save thou, my rose; in it thou art my all.

CIX

Я не изменник, не вини меня,
Хотя разлука - признак охлажденья.
Что, душу я в твоей груди храня,
Покинул сам себя без сожаленья.

Но тут мой дом, и я вернулся вновь,
И более отсюда я - ни шагу:
Не износилась по пути любовь,
И пятна смыть свои принес я влагу.

И пусть порок течет в моей крови,
Но все ж не столь мои ужасны пятна,
Чтоб драгоценный дом своей любви
Я променял и не пришел обратно.

Без милой розы, без тебя, мой друг,
Весь мир - ничто, и пусто все вокруг.

CX

Alas, 'tis true I have gone here and there
And made myself a motley to the view,
Gored mine own thoughts, sold cheap what is most dear,
Made old offences of affections new;

Most true it is that I have look'd on truth
Askance and strangely: but, by all above,
These blenches gave my heart another youth,
And worse essays proved thee my best of love.

Now all is done, have what shall have no end:
Mine appetite I never more will grind
On newer proof, to try an older friend,
A god in love, to whom I am confined.

Then give me welcome, next my heaven the best,
Even to thy pure and most most loving breast.

CX

О да, увы, в шутах я побывал,
Зевак потешил пестрою обновой,
Задешево богатство продавал,
Старинную любовь пятная новой.

О да, увы, глаза я отводил
От верности и в этом помраченьи
Вторую юность сердцу находил
И приносил тебе одни мученья.

Но хватит разжигать мне аппетит!
Все кончено, возьми, что бесконечно. -
Моя любовь тебя не огорчит,
Мой бог, к тебе привязан я навечно.

Меня к земному раю приведи –
И к любящей прижми своей груди.

CXI

O, for my sake do you with Fortune chide,
The guilty goddess of my harmful deeds,
That did not better for my life provide
Than public means which public manners breeds.

Thence comes it that my name receives a brand,
And almost thence my nature is subdued
To what it works in, like the dyer's hand:
Pity me then and wish I were renew'd;

Whilst, like a willing patient, I will drink
Potions of eisel 'gainst my strong infection
No bitterness that I will bitter think,
Nor double penance, to correct correction.

Pity me then, dear friend, and I assure ye
Even that your pity is enough to cure me.

CXI

Мой милый друг. Фортуну побрани,
Виновницу моих поступков скверных.
В глазах людей меня клеймят они,
И на людях я в муках непомерных.

Я в пятнах, как красильщика рука, -
От имени не в силах отложиться.
Ты пожалей больного старика
Хотя б чуть-чуть и дай ему отмыться.

Мою заразу уксусом пои,
Мне в радость будет горькая настойка,
Приму любые снадобья твои
И вынесу любую кару стойко.

Возлюбленный, больного пожалей -
Мне жалости целительной налей.

CXII

Your love and pity doth the impression fill
Which vulgar scandal stamp'd upon my brow;
For what care I who calls me well or ill,
So you o'er-green my bad, my good allow?

You are my all the world, and I must strive
To know my shames and praises from your tongue:
None else to me, nor I to none alive,
That my steel'd sense or changes right or wrong.

In so profound abysm I throw all care
Of others' voices, that my adder's sense
To critic and to flatterer stopped are.
Mark how with my neglect I do dispense:

You are so strongly in my purpose bred
That all the world besides methinks are dead.

CXII

Бальзам мне на клейменое чело
Твоя любовь и нежное участье.
Кто б ни рядил меня в добро и зло,
В твоей лишь похвале взыскую счастья.

Ты для меня весь мир! Главу склоня,
Стыдить и славить наделяю правом.
Я мертв для всех, мертвы все для меня,
Лишь ты судья делам моим неправым.

Молву я бросил в бездну немоты,
Мой слух гадючий ей теперь не внемлет;
Ни лести, ни бесстыдной клеветы
Моя глухая совесть не приемлет.

Я жажду только слова твоего,
Все остальное, мнится мне, мертво.

CXIII

Since I left you, mine eye is in my mind;
And that which governs me to go about
Doth part his function and is partly blind,
Seems seeing, but effectually is out;

For it no form delivers to the heart
Of bird of flower, or shape, which it doth latch:
Of his quick objects hath the mind no part,
Nor his own vision holds what it doth catch:

For if it see the rudest or gentlest sight,
The most sweet favour or deformed'st creature,
The mountain or the sea, the day or night,
The crow or dove, it shapes them to your feature:

Incapable of more, replete with you,
My most true mind thus makes mine eye untrue.

CXIII

В разлуке глаз мой у меня в мозгу,
А тем, которым смотрят на дорогу,
Полуслепым, я мало что могу,
Хотя и различаю понемногу.

Ни сердцу глаз картины не дает,
Блуждает взор, рассеян и неточен,
Ни к мозгу не течет его отчет -
И ни на чем он не сосредоточен.

Уродине и чуду красоты,
Изящному и грубому предмету -
Всему он придает твои черты:
И голубю, и врану, тьме и свету.

Тобою переполненный сейчас,
Мой верный мозг неверным сделал глаз.

CXIV

Or whether doth my mind, being crown'd with you,
Drink up the monarch's plague, this flattery?
Or whether shall I say, mine eye saith true,
And that your love taught it this alchemy,

To make of monsters and things indigest
Such cherubins as your sweet self resemble,
Creating every bad a perfect best,
As fast as objects to his beams assemble?

O,'tis the first; 'tis flattery in my seeing,
And my great mind most kingly drinks it up:
Mine eye well knows what with his gust is 'greeing,
And to his palate doth prepare the cup:

If it be poison'd, 'tis the lesser sin
That mine eye loves it and doth first begin.

CXIV

Ужель мой мозг, увенчанный тобою,
Чуму пьет из монаршей чаши - лесть?
Иль глаз не лжет - и некоей волшбою
Дано ему из чудищ произвесть

Небесных херувимов с ликом ясным,
Как двойники похожих на тебя,
Представить безобразное прекрасным,
Едва его поймает взгляд, любя?

Конечно лесть! И из монаршей чаши
Пьет мозг мой, а угодливый мой глаз
В деталях малых знает вкусы наши
И ублажить сполна желает нас.

Пусть это яд, но грех сей невелик:
Ведь глаз мой первым чашу пить привык.

CXV

Those lines that I before have writ do lie,
Even those that said I could not love you dearer:
Yet then my judgment knew no reason why
My most full flame should afterwards burn clearer.

But reckoning time, whose million'd accidents
Creep in 'twixt vows and change decrees of kings,
Tan sacred beauty, blunt the sharp'st intents,
Divert strong minds to the course of altering things;

Alas, why, fearing of time's tyranny,
Might I not then say 'Now I love you best,'
When I was certain o'er incertainty,
Crowning the present, doubting of the rest?

Love is a babe; then might I not say so,
To give full growth to that which still doth grow?

CXV

Увы, в своих строках тебе я лгал,
Сказав, что не могу любить сильнее, -
Тогда никак я не предполагал,
Что пламень мой способен быть полнее.

Но, тиранию Времени признав,
Чьи неисповедимые напасти
Ломают веру и лишают прав,
Мнут красоту и низвергают власти,

Уверенный, что миг неверен всяк,
Я жил тогда одной минутой тою,
Сказав тебе, - и вот попал впросак! -
Мол, я люблю с предельной полнотою.

Любовь дитя. А я назвал, прости,
Созревшим то, чему дано расти.

CXVI

Let me not to the marriage of true minds
Admit impediments. Love is not love
Which alters when it alteration finds,
Or bends with the remover to remove:

O no! it is an ever-fixed mark
That looks on tempests and is never shaken;
It is the star to every wandering bark,
Whose worth's unknown, although his height be taken.

Love's not Time's fool, though rosy lips and cheeks
Within his bending sickle's compass come:
Love alters not with his brief hours and weeks,
But bears it out even to the edge of doom.

If this be error and upon me proved,
I never writ, nor no man ever loved.

CXVI

Не признаю препятствий я для брака
Двух честных душ. Ведь нет любви в любви,
Что в переменах выглядит инако
И внемлет зову, только позови.

Любовь есть веха, коей с бурей в споре
Дано стоять и вечно не упасть,
Любовь - звезда судам в безбрежном море,
Чью высоту измеришь, но не власть.

Любовь - не шут у Времени, хоть розы
Ланит и губ серпом сечет оно,
Не страшны ей дней и недель угрозы,
Стоять ей до конца времен дано.

Иль я не ошибаюсь в этом, или
Я не поэт и люди не любили.

CXVII

Accuse me thus: that I have scanted all
Wherein I should your great deserts repay,
Forgot upon your dearest love to call,
Whereto all bonds do tie me day by day;

That I have frequent been with unknown minds
And given to time your own dear-purchased right
That I have hoisted sail to all the winds
Which should transport me farthest from your sight.

Book both my wilfulness and errors down
And on just proof surmise accumulate;
Bring me within the level of your frown,
But shoot not at me in your waken'd hate;

Since my appeal says I did strive to prove
The constancy and virtue of your love.

CXVII

Меня за неуплату обвини ты
И должником нечестным назови
За то, что мною были позабыты
Обязанности строгие любви,

И время, что твоим по праву было,
Я отдавал ничтожествам сполна,
И ветру подставлял свои ветрила,
Чтоб уносила прочь меня волна.

И, подведя итог своим уликам,
В преступном небрежении виня,
Ты в гневе накажи меня великом,
Но ненавистью не казни меня.

Ведь ты моей измене тем обязан,
Что факт твоей невинности доказан.

CXVIII

Like as, to make our appetites more keen,
With eager compounds we our palate urge,
As, to prevent our maladies unseen,
We sicken to shun sickness when we purge,

Even so, being tuff of your ne'er-cloying sweetness,
To bitter sauces did I frame my feeding
And, sick of welfare, found a kind of meetness
To be diseased ere that there was true needing.

Thus policy in love, to anticipate
The ills that were not, grew to faults assured
And brought to medicine a healthful state
Which, rank of goodness, would by ill be cured:

But thence I learn, and find the lesson true,
Drugs poison him that so fell sick of you.

CXVIII

Как мы, вкушая за обедом плотным,
Едим приправы, небо горяча,
И как желудок чистим зельем рвотным,
Его от хвори загодя леча,

Так яств сладчайших стол твой объедая,
Я горечь добавлял себе в еду,
Размыслив так, что загодя тогда я
Грозящие недуги отведу.

Увы, пуста в любви такая мера,
Лекарство это впрок мне не пошло,
Сии предосторожности - химера:
От многого добра не лечит зло.

И потому урок теперь усвою:
Лекарства - яд больному столь тобою.

CXIX

What potions have I drunk of Siren tears,
Distill'd from limbecks foul as hell within,
Applying fears to hopes and hopes to fears,
Still losing when I saw myself to win!

What wretched errors hath my heart committed,
Whilst it hath thought itself so blessed never!
How have mine eyes out of their spheres been fitted
In the distraction of this madding fever!

O benefit of ill! now I find true
That better is by evil still made better;
And ruin'd love, when it is built anew,
Grows fairer than at first, more strong, far greater.

So I return rebuked to my content
And gain by ill thrice more than I have spent.

CXIX

Как выпил я настоя слез Сирены,
Порочных в корне аки самый ад,
Надеясь в страхе и страшась измены,
Теряя все, чем мог бы быть богат?

Как сердце на вершине счастья сладкой
Вступило на порочный путь обид?
Как заболел я этой лихорадкой,
В которой очи лезут из орбит?

Но есть в пороке польза, право слово! -
Добро нам приумножить злом дано:
Любовь, из пепла поднятая снова,
Прекраснее того, что сожжено.

Пристыженный, вкушаю я покоя -
И так в пороке стал богаче втрое.

CXX

That you were once unkind befriends me now,
And for that sorrow which I then did feel
Needs must I under my transgression bow,
Unless my nerves were brass or hammer'd steel.

For if you were by my unkindness shaken
As I by yours, you've pass'd a hell of time,
And I, a tyrant, have no leisure taken
To weigh how once I suffered in your crime.

O, that our night of woe might have remember'd
My deepest sense, how hard true sorrow hits,
And soon to you, as you to me, then tender'd
The humble salve which wounded bosoms fits!

But that your trespass now becomes a fee;
Mine ransoms yours, and yours must ransom me.

CXX

Мне на руку измена та твоя,
И, памятуя давние печали,
В своей вике согнуться должен я, -
Мое ведь сердце вовсе не из стали.

Коль ты в моей измене пострадал,
Как я в твоей, мне жаль тебя, а я-то,
Мучитель твой, труда себе не дал
Припомнить, как я сам страдал когда-то.

О пусть та наша горестная ночь
Мои былые оживит мученья
И вынудит меня тебе помочь,
Как ты тогда мне, дав бальзам смиренья.

Но дабы равноправье соблюсти, -
Ведь я простил! - и ты меня прости.

CXXI

'Tis better to be vile than vile esteem'd,
When not to be receives reproach of being,
And the just pleasure lost which is so deem'd
Not by our feeling but by others' seeing:

For why should others false adulterate eyes
Give salutation to my sportive blood?
Or on my frailties why are frailer spies,
Which in their wills count bad what I think good?

No, I am that I am, and they that level
At my abuses reckon up their own:
I may be straight, though they themselves be bevel;
By their rank thoughts my deeds must not be shown;

Unless this general evil they maintain,
All men are bad, and in their badness reign.

CXXI

Уж лучше быть порочным, а не слыть,
Когда внимаешь понапрасну пеням.
Приятным удовольствию не быть,
Коль мы не сами так его оценим.

Что углядит в страстей моих игре
Развратом черным вскормленное око?
Как тот, кто видит зло в моем добре,
Судьею будет моего порока?

Я - это я! Кто выдал им права
Мои проступки измерять своими?
Я, может, прям, а мера их крива,
Я не желаю быть судимым ими!

А то всеобщим выйдет приговор:
Порочен всяк - и всякому позор.

CXXII

Thy gift, thy tables, are within my brain
Full character'd with lasting memory,
Which shall above that idle rank remain
Beyond all date, even to eternity;

Or at the least, so long as brain and heart
Have faculty by nature to subsist;
Till each to razed oblivion yield his part
Of thee, thy record never can be miss'd.

That poor retention could not so much hold,
Nor need I tallies thy dear love to score;
Therefore to give them from me was I bold,
To trust those tables that receive thee more:

To keep an adjunct to remember thee
Were to import forgetfulness in me.

CXXII

Твой дар, твои листы, в моем мозгу,
И о тебе там записи повсюду.
И там я их века хранить могу,
Не то что на бумаге - не забуду.

Пусть не века, но до тех пор, пока
Мой мозг и сердце в этом мире живы,
Их не сотрет забвения рука
И не найдет в них для себя поживы.

Бумаги жалкой тщания пусты,
Чужды счета делам любви и чести.
Прости, я потерял твои листы,
Но ты в моих листах на прежнем месте.

Коль стану на бумажках все хранить -
В забывчивости можешь обвинить

CXXIII

No, Time, thou shalt not boast that I do change:
Thy pyramids built up with newer might
To me are nothing novel, nothing strange;
They are but dressings of a former sight.

Our dates are brief, and therefore we admire
What thou dost foist upon us that is old,
And rather make them born to our desire
Than think that we before have heard them told.

Thy registers and thee I both defy,
Not wondering at the present nor the past,
For thy records and what we see doth lie,
Made more or less by thy continual haste.

This I do vow and this shall ever be;
I will be true, despite thy scythe and thee.

CXXIII

Не хвастай, Время, будто я меняюсь.
Все пирамиды мне твои смешны,
Все не в новинку, я не удивляюсь, -
По старым образцам возведены.

Жизнь коротка, и мы дивиться рады
Старью, что выставляешь напоказ:
Мы принимаем старые наряды
Как новые, пошитые для нас.

Отринув все что есть и что в помине,
Тебе я бросить вызов свой могу!
Все хроники и все, что видим ныне,
Все - ложь твоих мгновений на бегу.

Клянусь, все западни твои минуя,
Я буду верен и не изменю я.

CXXIV

If my dear love were but the child of state,
It might for Fortune's bastard be unfather'd
As subject to Time's love or to Time's hate,
Weeds among weeds, or flowers with flowers gather'd.

No, it was builded far from accident;
It suffers not in smiling pomp, nor falls
Under the blow of thralled discontent,
Whereto the inviting time our fashion calls:

It fears not policy, that heretic,
Which works on leases of short-number'd hours,
But all alone stands hugely politic,
That it nor grows with heat nor drowns with showers.

To this I witness call the fools of time,
Which die for goodness, who have lived for crime.

CXXIV

О, будь моя любовь дитя страны,
Его могла б Фортуна с полным правом,
Играя тем, права чьи неполны,
К цветам отнесть или к ничтожным травам.

Но он отнюдь не случая игра,
Его не тронут ни фавор, ни смута,
Ни все посулы счастья и добра,
Чем соблазняет каждая минута.

Ему благоразумье ни к чему
Зарящихся на временные брашна,
Благоразумью верен своему -
Не нужно солнц ему и гроз не страшно.

Свидетели тому - шуты минут,
Чья смерть - добро, а жизнь - порок и блуд.

CXXV

Were 't aught to me I bore the canopy,
With my extern the outward honouring,
Or laid great bases for eternity,
Which prove more short than waste or ruining?

Have I not seen dwellers on form and favour
Lose all, and more, by paying too much rent,
For compound sweet forgoing simple savour,
Pitiful thrivers, in their gazing spent?

No, let me be obsequious in thy heart,
And take thou my oblation, poor but free,
Which is not mix'd with seconds, knows no art,
But mutual render, only me for thee.

Hence, thou suborn'd informer! a true soul
When most impeach'd stands least in thy control.

CXXV

Иль милости, дарованные мне,
Я заслужил любовью показною?
Иль пало в прах с руиной наравне
Для вечности заложенное мною?

Иль мне банкротов тех пример пустой,
Польстившихся на блещущее злато
И ради яств забывших вкус простой
И какова за яства те расплата?

Нет, жалкий раб я сердца твоего!
Прими от сердца дар мой этот скудный
И не пеняй на простоту его -
Я возвращаю долг свой обоюдный.

Прочь, лжесвидетель! Коль душа верна,
Чем гнет сильнее, тем вольней она.

CXXVI

O thou, my lovely boy, who in thy power
Dost hold Time's fickle glass, his sickle, hour;
Who hast by waning grown, and therein show'st
Thy lovers withering as thy sweet self grow'st;

If Nature, sovereign mistress over wrack,
As thou goest onwards, still will pluck thee back,
She keeps thee to this purpose, that her skill
May time disgrace and wretched minutes kill.

Yet fear her, O thou minion of her pleasure!
She may detain, but not still keep, her treasure:
Her audit, though delay'd, answer'd must be,
And her quietus is to render thee.

CXXVI

Прекрасный мальчик, над твоей красой
Не властно Время со своей косой.
Все любящие вянут, только ты
Все хорошеешь в блеске красоты.

Пока еще Природа держит меч
И может красоту твою сберечь,
Дабы поток минут переломить
И красотою Время посрамить.

Но бойся! Ты - игрушка у нее:
Отдаст она сокровище свое.
По векселям платить настанет срок,
Расплатится тобой - и весь итог.

CXXVII

In the old age black was not counted fair,
if it were, it bore not beauty's name;
But now is black beauty's successive heir,
And beauty slander'd with a bastard shame:

For since each hand hath put on nature's power,
Fairing the foul with art's false borrow'd face,
Sweet beauty hath no name, no holy bower,
But is profaned, if not lives in disgrace.

Therefore my mistress' brows are raven black,
Her eyes so suited, and they mourners seem
At such who, not born fair, no beauty lack,
Slandering creation with a false esteem:

Yet so they mourn, becoming of their woe,
That every tongue says beauty should look so.

CXXVII

Издревле черный цвет был не в цене,
Не признавали красоты за черным,
Но ныне черный преуспел вполне,
А красота живет с пятном позорным,

Поскольку всякий на лицо свое
Кладет прикрасы вопреки природе, -
Нет имени и чести у нее,
И красоту узришь в любом уроде.

Как ворона крыло, как смоль черны
Возлюбленной моей власы и очи
В знак траура о тех, что лишены
Красы своей, но наводить охочи.

Ей траур, так идет, что черноту
Отныне признают за красоту.

CXXVIII

How oft, when thou, my music, music play'st,
Upon that blessed wood whose motion sounds
With thy sweet fingers, when thou gently sway'st
The wiry concord that mine ear confounds,

Do I envy those jacks that nimble leap
To kiss the tender inward of thy hand,
Whilst my poor lips, which should that harvest reap,
At the wood's boldness by thee blushing stand!

To be so tickled, they would change their state
And situation with those dancing chips,
O'er whom thy fingers walk with gentle gait,
Making dead wood more blest than living lips.

Since saucy jacks so happy are in this,
Give them thy fingers, me thy lips to kiss.

CXXVIII

Ты пальчиками, музыка моя,
По клавишам счастливым пробегая,
Слух услаждаешь, музыку лия,
Гармонию блаженства исторгая.

О клавиши! Завидую я им -
Благословенны, пальчики целуя.
Такую милость бы губам моим,
Но рядышком в смущении стою я.

Ты клавишам в пробеге звучных гамм
Немыслимые делаешь поблажки,
А мне обидно, что живым губам
Ты предпочла сухие деревяшки.

Коль клавиши ты жалуешь вполне,
Им пальчики отдай, а губы - мне.

CXXIX

The expense of spirit in a waste of shame
Is lust in action; and till action, lust
Is perjured, murderous, bloody, full of blame,
Savage, extreme, rude, cruel, not to trust,

Enjoy'd no sooner but despised straight,
Past reason hunted, and no sooner had
Past reason hated, as a swallow'd bait
On purpose laid to make the taker mad;

Mad in pursuit and in possession so;
Had, having, and in quest to have, extreme;
A bliss in proof, and proved, a very woe;
Before, a joy proposed; behind, a dream.

All this the world well knows; yet none knows well
To shun the heaven that leads men to this hell.

CXXIX

Равно растрата духа и стыда -
Вот любострастье в действии: огромно,
Убийственно, исполнено вреда,
Жестоко, дико, грубо, вероломно.

Неистова охота у него
И ядовиты сладкие приманки,
Но после утоленья своего
Его презренны жалкие останки.

В пылу и в насыщении своем
Безумно и подмазывает густо,
Блаженство - в, блажь глупая - потом,
Надежда счастья - до, а после - пусто.

Все ведомо, но ведомо навряд,
Как избежать небес, ведущих в ад.

CXXX

My mistress' eyes are nothing like the sun;
Coral is far more red than her lips' red;
If snow be white, why then her breasts are dun;
If hairs be wires, black wires grow on her head.

I have seen roses damask'd, red and white,
But no such roses see I in her cheeks;
And in some perfumes is there more delight
Than in the breath that from my mistress reeks.

I love to hear her speak, yet well I know
That music hath a far more pleasing sound;
I grant I never saw a goddess go;
My mistress, when she walks, treads on the ground:

And yet, by heaven, I think my love as rare
As any she belied with false compare.

CXXX

Ее глаза на солнце не похожи,
Коралл намного губ ее красней,
И не белее снега смуглость кожи,
И волосы как смоль черны у ней,

И щеки далеко не так богаты,
Как роз дамасских бело-алый куст,
И я послаще знаю ароматы,
Чем запах, что с ее слетает уст.

Люблю ее послушать, но признаю,
Что музыка куда милее мне.
Как шествуют богини, я не знаю,
Но поступь милой тяжела вполне.

И все ж она не менее прекрасна
Тех, что в сравненьях славили напрасно.

CXXXI

Thou art as tyrannous, so as thou art,
As those whose beauties proudly make them cruel;
For well thou know'st to my dear doting heart
Thou art the fairest and most precious jewel.

Yet, in good faith, some say that thee behold
Thy face hath not the power to make love groan:
To say they err I dare not be so bold,
Although I swear it to myself alone.

And, to be sure that is not false I swear,
A thousand groans, but thinking on thy face,
One on another's neck, do witness bear
Thy black is fairest in my judgment's place.

In nothing art thou black save in thy deeds,
And thence this slander, as I think, proceeds.

CXXXI

Ты беспощадна, равно как все те,
Чья красота жестокость в сердце множит.
Ты знаешь, что тебе по красоте
Нет равных для меня и быть не может.

Тебя узрев, рекут мои друзья,
Мол, ты не стоишь этаких страданий.
Перечить громко им не смею я,
Но сердцем верен я без колебаний.

И то, как больно сердцу моему,
Которое измучилось ужасно,
Прямое доказательство тому,
Что чернота твоя по мне прекрасна.

Не чернота, а черные дела
Причина клеветы и корень зла.

CXXXII

Thine eyes I love, and they, as pitying me,
Knowing thy heart torments me with disdain,
Have put on black and loving mourners be,
Looking with pretty ruth upon my pain.

And truly not the morning sun of heaven
Better becomes the grey cheeks of the east,
Nor that full star that ushers in the even
Doth half that glory to the sober west,

As those two mourning eyes become thy face:
O, let it then as well beseem thy heart
To mourn for me, since mourning doth thee grace,
And suit thy pity like in every part.

Then will I swear beauty herself is black
And all they foul that thy complexion lack.

CXXXII

Люблю твои глаза, их внемлет взгляд
Всю боль, которой мучаешь усердно,
Они оделись в траурный наряд
И на меня взирают милосердно.

Не красит столь светло рассветный луч
Ланиты темно-серые востока,
Не столь ласкает край закатных туч
На западе звезды вечерней око,

Сколь в трауре глаза твои нежны.
Твой траур - сострадания основа.
Дай траур сердцу - милости нужны
Мне сердца твоего и остального.

Признаю черным цвет у красоты -
Уродлива, что не черна, как ты.

CXXXIII

Beshrew that heart that makes my heart to groan
For that deep wound it gives my friend and me!
Is't not enough to torture me alone,
But slave to slavery my sweet'st friend must be?

Me from myself thy cruel eye hath taken,
And my next self thou harder hast engross'd:
Of him, myself, and thee, I am forsaken;
A torment thrice threefold thus to be cross'd.

Prison my heart in thy steel bosom's ward,
But then my friend's heart let my poor heart bail;
Whoe'er keeps me, let my heart be his guard;
Thou canst not then use rigor in my gaol:

And yet thou wilt; for I, being pent in thee,
Perforce am thine, and all that is in me.

CXXXIII

Будь проклято то сердце, что сердца -
Мое и друга! - обрекло на муки.
Ему меня терзать бы до конца,
Оно ж и другу заломило руки.

Меня меня лишил твой взор, губя,
Меня второго он присвоил тоже, -
Лишен его, себя да и тебя,
Я мучаюсь, тройную пытку множа.

Замкни мое в своей стальной груди,
А сердце друга пусть в моем пребудет,
Ты узника в охрану отряди -
В моей темнице друг не пытан будет.

Прошу вотще: я твой и так вполне,
В твоей тюрьме, со всем, что есть во мне.

CXXXIV

So, now I have confess'd that he is thine,
And I myself am mortgaged to thy will,
Myself I'll forfeit, so that other mine
Thou wilt restore, to be my comfort still:

But thou wilt not, nor he will not be free,
For thou art covetous and he is kind;
He learn'd but surety-like to write for me
Under that bond that him as fast doth bind.

The statute of thy beauty thou wilt take,
Thou usurer, that put'st forth all to use,
And sue a friend came debtor for my sake;
So him I lose through my unkind abuse.

Him have I lost; thou hast both him and me:
He pays the whole, and yet am I not free.

CXXXIV

Итак, он твой. Но за него в залог
Готов тебе я сам себя представить,
Чтоб обрести мой друг свободу мог,
А я себе второе "я" оставить.

Но против ты, и против он вдвойне:
Ты - из корысти, он - из благородства,
Поскольку поручителем был мне
И сам попал под судопроизводство.

Владея векселями красоты,
Как ростовщик, наживой одержимый,
К суду за долг мой друга тащишь ты.
Пропал из-за меня мой друг любимый!

И вот теперь твои -и я, и он.
Залог он внес, но воли я лишен.

CXXXV

Whoever hath her wish, thou hast thy 'Will,'
And 'Will' to boot, and 'Will' in overplus;
More than enough am I that vex thee still,
To thy sweet will making addition thus.

Wilt thou, whose will is large and spacious,
Not once vouchsafe to hide my will in thine?
Shall will in others seem right gracious,
And in my will no fair acceptance shine?

The sea all water, yet receives rain still
And in abundance addeth to his store;
So thou, being rich in 'Will,' add to thy 'Will'
One will of mine, to make thy large 'Will' more.

Let no unkind, no fair beseechers kill;
Think all but one, and me in that one 'Will.'

CXXXV

Есть у тебя "Желание" свое,
"Желанье" сбоку и мое "Желанье".
Средь этих трех тут лишнее мое:
Мое ведь твоему - как наказанье.

Огромное, ужель среди своих
Оно мое желанье не приемлет?
Ужель, внемля желанию других,
Оно желанью моему не внемлет?

Не перельется море через край,
И влага ливня не опасна волнам;
К своим мое желанье принимай -
И с ним твое "Желанье" станет полным.

Ни милых, ни немилых не гони:
В "Желаньи" том одно - я и они.

CXXXVI

If thy soul cheque thee that I come so near,
Swear to thy blind soul that I was thy 'Will,'
And will, thy soul knows, is admitted there;
Thus far for love my love-suit, sweet, fulfil.

'Will' will fulfil the treasure of thy love,
Ay, fill it full with wills, and my will one.
In things of great receipt with ease we prove
Among a number one is reckon'd none:

Then in the number let me pass untold,
Though in thy stores' account I one must be;
For nothing hold me, so it please thee hold
That nothing me, a something sweet to thee:

Make but my name thy love, and love that still,
And then thou lovest me, for my name is 'Will.'

CXXXVI

Коль за меня душа начнет пенять,
Скажи ей, дескать, я - твое "Желанье"
И надлежит желанье исполнять,
Приняв мое желанье во вниманье.

С "Желанием" твоей любви казна
Желаньями с моим желаньем вместе
Пребудет к общей радости полна, -
Мое там будет с краешку на месте.

Я в блеске этом окажусь в тени,
Подавлен превосходством многократным,
Но ты меня, однако же, цени,
Ничтожеством я буду, но приятным.

Имей, любя лишь имя, пониманье:
Меня ты любишь, ибо я - "Желанье".

CXXXVII

Thou blind fool, Love, what dost thou to mine eyes,
That they behold, and see not what they see?
They know what beauty is, see where it lies,
Yet what the best is take the worst to be.

If eyes corrupt by over-partial looks
Be anchor'd in the bay where all men ride,
Why of eyes' falsehood hast thou forged hooks,
Whereto the judgment of my heart is tied?

Why should my heart think that a several plot
Which my heart knows the wide world's common place?
Or mine eyes seeing this, say this is not,
To put fair truth upon so foul a face?

In things right true my heart and eyes have erred,
And to this false plague are they now transferr'd.

CXXXVII

Что, Купидон слепой, творишь со мной?
Не вижу то, на что взирают очи:
В погоне за небесной красотой
Они до безобразного охочи.

Пусть сослепу в пылу твоей игры
Они в торговый порт теперь попали.
Но сердце там зачем твои багры
Так держат, что отцепишься едва ли?

Оно общинный выгон почему
Обязано считать владеньем частным?
И сколько можно зренью моему
Уродливое скрашивать прекрасным?

Доколе же в чуме такой, скажи,
Моим глазам и сердцу жить по лжи?

CXXXVIII

When my love swears that she is made of truth
I do believe her, though I know she lies,
That she might think me some untutor'd youth,
Unlearned in the world's false subtleties.

Thus vainly thinking that she thinks me young,
Although she knows my days are past the best,
Simply I credit her false speaking tongue:
On both sides thus is simple truth suppress'd.

But wherefore says she not she is unjust?
And wherefore say not I that I am old?
O, love's best habit is in seeming trust,
And age in love loves not to have years told:

Therefore I lie with her and she with me,
And in our faults by lies we flatter'd be.

CXXXVIII

Когда она клянется, что верна,
Я верю ей, хоть знаю: лжет бесстыдно.
Меня юнцом зеленым мнит она,
Но это мне нисколько не обидно.

Пусть юн в ее глазах я буду все ж,
Хоть знает, что не юноша давно я,
Но правде я предпочитаю ложь, -
Так ложью мы повязаны двойною.

С чего бы ей измену не признать,
А мне мои года в ответ на это?
В любви, пусть мнимо, надо доверять,
А старость, полюбив, скрывает лета.

И потому я лгу тебе, ты - мне,
И ложью льстим друг другу наравне.

CXXXIX

O, call not me to justify the wrong
That thy unkindness lays upon my heart;
Wound me not with thine eye but with thy tongue;
Use power with power and slay me not by art.

Tell me thou lovest elsewhere, but in my sight,
Dear heart, forbear to glance thine eye aside:
What need'st thou wound with cunning when thy might
Is more than my o'er-press'd defense can bide?

Let me excuse thee: ah! my love well knows
Her pretty looks have been mine enemies,
And therefore from my face she turns my foes,
That they elsewhere might dart their injuries:

Yet do not so; but since I am near slain,
Kill me outright with looks and rid my pain.

CXXXIX

Оправдывать тебя я не привык,
Не притерпелся к жесточайшим ранам;
Не рань меня очами - есть язык,
В лицо меня убей, а не обманом.

Скажи, что ты отныне не моя,
Не отводи при встрече взор свой милый.
Зачем хитрить, когда разгромлен я
И взять меня ты можешь просто силой?

Но, может, зная, сколь твой страшен взор,
Его отводишь ты, меня жалея,
Чтоб над другим свершился приговор,
Который самой страшной пытки злее?

Нет, пощади не так! Но средь скорбей,
Из жалости взглянув, меня добей.

CXL

Be wise as thou art cruel; do not press
My tongue-tied patience with too much disdain;
Lest sorrow lend me words and words express
The manner of my pity-wanting pain.

If I might teach thee wit, better it were,
Though not to love, yet, love, to tell me so;
As testy sick men, when their deaths be near,
No news but health from their physicians know;

For if I should despair, I should grow mad,
And in my madness might speak ill of thee:
Now this ill-wresting world is grown so bad,
Mad slanderers by mad ears believed be,

That I may not be so, nor thou belied,
Bear thine eyes straight, though thy proud heart go wide.

CXL

Сколь ты жестока, столь же будь умна,
Пока мое под пыткою терпенье
Скрывать еще способно имена,
Твое не выдавая преступленье.

Благоразумно поступи со мной:
Хоть ты не любишь, обмани речами.
Так при смерти поправки ждет больной,
Намеренно обманутый врачами.

Иначе в муках я с ума сойду
И показанья дам единым духом,
А мир наш подл - пусть сказано в бреду,
Внимает он всему безумным ухом.

И чтоб тебя порочить мир не мог,
Смотри в лицо, хоть сердце смотрит вбок.

CXLI

In faith, I do not love thee with mine eyes,
For they in thee a thousand errors note;
But 'tis my heart that loves what they despise,
Who in despite of view is pleased to dote;

Nor are mine ears with thy tongue's tune delighted,
Nor tender feeling, to base touches prone,
Nor taste, nor smell, desire to be invited
To any sensual feast with thee alone:

But my five wits nor my five senses can
Dissuade one foolish heart from serving thee,
Who leaves unsway'd the likeness of a man,
Thy proud hearts slave and vassal wretch to be:

Only my plague thus far I count my gain,
That she that makes me sin awards me pain.

CXLI

В тебя нисколько не влюблен мой глаз -
Твои изъяны спрятать невозможно,
Однако зренье сердцу не указ -
Оно в тебя влюбилось безнадежно.

Речами не ласкаешь ты мой слух,
Не знаю я твоих прикосновений,
Ни вкус не услаждаешь мой, ни нюх -
Ты чувствам не приносишь наслаждений.

Но ни мой ум, ни чувства впятером
Не могут с сердца снять твои оковы -
Вассалом верным при дворе твоем,
Рабом кандальным быть оно готово.

Мне на руку одним чума моя:
Ты вводишь в грех, но ты же - мой судья.

CXLII

Love is my sin and thy dear virtue hate,
Hate of my sin, grounded on sinful loving:
O, but with mine compare thou thine own state,
And thou shalt find it merits not reproving;

Or, if it do, not from those lips of thine,
That have profaned their scarlet ornaments
And seal'd false bonds of love as oft as mine,
Robb'd others' beds' revenues of their rents.

Be it lawful I love thee, as thou lovest those
Whom thine eyes woo as mine importune thee:
Root pity in thy heart, that when it grows
Thy pity may deserve to pitied be.

If thou dost seek to have what thou dost hide,
By self-example mayst thou be denied!

CXLII

Любовь - мой грех, тебе претит она,
В твоих глазах греховна и убога,
Но ты сама не менее грешна, -
И стоит ли меня судить так строго?

И не твоим устам меня судить,
Подложные скреплявшим документы
Любви печатью алой, чтоб лишить
Чужие ложа их законной ренты.

Пусть я люблю тебя, а ты - того,
Кто для тебя, как ты мне, есть отрада.
Подай мне жалость сердца своего -
И жалость будет жалости награда.

А если жалость в сердце не найдешь,
Ты не получишь то, что не даешь.

CXLIII

Lo! as a careful housewife runs to catch
One of her feather'd creatures broke away,
Sets down her babe and makes an swift dispatch
In pursuit of the thing she would have stay,

Whilst her neglected child holds her in chase,
Cries to catch her whose busy care is bent
To follow that which flies before her face,
Not prizing her poor infant's discontent;

So runn'st thou after that which flies from thee,
Whilst I thy babe chase thee afar behind;
But if thou catch thy hope, turn back to me,
And play the mother's part, kiss me, be kind:

So will I pray that thou mayst have thy 'Will,'
If thou turn back, and my loud crying still.

CXLIII

Равно как бережливая хозяйка,
Что за сбежавшим гусаком бежит,
Которого теперь поди поймай-ка,
В то время как оставленным лежит

Дитя ее, и тянет к ней ручонки,
И плачет, и зовет назад ее,
Забывшую о кинутом ребенке
В погоне за сбежавшим от нее, -

Так ты меня, свое дитя, бездумно
Оставила, чтоб беглеца поймать.
Поймав же, воротись благоразумно
И поцелуй, как любящая мать.

Тебе желаю изловить "Желанье",
Коль, воротясь, уймешь мои рыданья.

CXLIV

Two loves I have of comfort and despair,
Which like two spirits do suggest me still:
The better angel is a man right fair,
The worser spirit a woman colour'd ill.

To win me soon to hell, my female evil
Tempteth my better angel from my side,
And would corrupt my saint to be a devil,
Wooing his purity with her foul pride.

And whether that my angel be turn'd fiend
Suspect I may, but not directly tell;
But being both from me, both to each friend,
I guess one angel in another's hell:

Yet this shall I ne'er know, but live in doubt,
Till my bad angel fire my good one out.

CXLIV

Мне две любви даны к добру и к худу,
Два ангела сведут меня с ума:
Мужчина, светел облик чей повсюду,
И женщина, чей облик всюду - тьма.

Творя мне ад, мой жено-ангел черный
Другого искушает красотой,
Преследуя своей гоньбой позорной,
Чтоб в беса превратился мой святой.

Пока я не имею верной вести,
Насколько белый ангел виноват,
Но оба далеко и оба вместе, -
Похоже, ангел ангела свел в ад.

Но мнительность не властна надо мной,
Пока не сжег хорошего дурной.

CXLV

Those lips that Love's own hand did make
Breathed forth the sound that said 'I hate'
To me that languish'd for her sake;
But when she saw my woeful state,

Straight in her heart did mercy come,
Chiding that tongue that ever sweet
Was used in giving gentle doom,
And taught it thus anew to greet:

'I hate' she alter'd with an end,
That follow'd it as gentle day
Doth follow night, who like a fiend
From heaven to hell is flown away;

'I hate' from hate away she threw,
And saved my life, saying 'not you.'

CXLV

Уста воспетой мною в гимне,
Которой я - вернейший Друг,
"Я ненавижу" изрекли мне,
Но, видя страшный мой испуг,

На милость гнев они сменили
И, сделав ласковою речь,
Иное мне заговорили,
Дабы от смерти уберечь:

"Я ненавижу", - но с добавкой,
Идущей, словно свет за тьмой,
Которая бредет чернавкой
С небес во ад, к себе домой, -

"Я ненавижу", - и, любя,
Жизнь возвратили: "...не тебя!"

CXLVI

Poor soul, the centre of my sinful earth,
These rebel powers that thee array;
Why dost thou pine within and suffer dearth,
Painting thy outward walls so costly gay?

Why so large cost, having so short a lease,
Dost thou upon thy fading mansion spend?
Shall worms, inheritors of this excess,
Eat up thy charge? is this thy body's end?

Then soul, live thou upon thy servant's loss,
And let that pine to aggravate thy store;
Buy terms divine in selling hours of dross;
Within be fed, without be rich no more:

So shalt thou feed on Death, that feeds on men,
And Death once dead, there's no more dying then.

CXLVI

Моей греховной плоти центр, душа,
Узда мятежным силам и преграда,
Зачем ты, увяданием дыша,
Так тратишься на росписи фасада?

Кто подновляет обветшалый дом,
Коль оговорен краткий срок наема?
Иль черви тело не съедят потом,
Наследники оставленного дома?

Беднеют слуги - богатеешь ты,
Копи казну на этом увяданьи
И вечность покупай за счет тщеты.
Кормись в дому, не думая о зданьи.

Есть будешь Смерть, как нас дано ей есть,
Грядет смерть Смерти, значит, вечность есть!

CXLVII

My love is as a fever, longing still
For that which longer nurseth the disease,
Feeding on that which doth preserve the ill,
The uncertain sickly appetite to please.

My reason, the physician to my love,
Angry that his prescriptions are not kept,
Hath left me, and I desperate now approve
Desire is death, which physic did except.

Past cure I am, now reason is past care,
And frantic-mad with evermore unrest;
My thoughts and my discourse as madmen's are,
At random from the truth vainly express'd;

For I have sworn thee fair and thought thee bright,
Who art as black as hell, as dark as night.

CXLVII

Моя любовь подобна лихорадке,
Желающей сама себя продлить.
Лекарства же в огонь ее лампадки
Способны только маслица подлить.

Мой разум, осердясь, как лекарь строгий,
Что не хочу его пилюли есть,
Меня покинул: понял я, убогий, -
Пилюлями желанье не известь.

Неизлечим, с ума я скоро съеду,
Блуждает разум, сбившийся с пути, -
И мысли, и слова подобны бреду,
В них невозможно истину найти.

Я мнил, ты светозарна и ясна,
А ты черна, как ад, как ночь, темна.

CXLVIII

O me, what eyes hath Love put in my head,
Which have no correspondence with true sight!
Or, if they have, where is my judgment fled,
That censures falsely what they see aright?

If that be fair whereon my false eyes dote,
What means the world to say it is not so?
If it be not, then love doth well denote
Love's eye is not so true as all men's 'No.'

How can it? O, how can Love's eye be true,
That is so vex'd with watching and with tears?
No marvel then, though I mistake my view;
The sun itself sees not till heaven clears.

O cunning Love! with tears thou keep'st me blind,
Lest eyes well-seeing thy foul faults should find.

CXLVIII

Глаза Любви в глазницах у меня,
Но истины противу это зренье!
Иль разум, а не зрение виня,
Обязан я винить за искаженья?

Но коль прекрасно то, что любит взор,
То почему уверен мир в обратном?
А если нет - глазам Любви позор
За то, что видят красоту в отвратном.

А впрочем, как глазам Любви не лгать?
В слезах они не в силах видеть ясно.
Так солнцу в тучах мира не видать,
Покуда вихрь их не прогонит властно.

Любовь слезами взор морочит мой,
Дабы меж тем вершить порок самой.

CXLIX

Canst thou, O cruel! say I love thee not,
When I against myself with thee partake?
Do I not think on thee, when I forgot
Am of myself, all tyrant, for thy sake?

Who hateth thee that I do call my friend?
On whom frown'st thou that I do fawn upon?
Nay, if thou lour'st on me, do I not spend
Revenge upon myself with present moan?

What merit do I in myself respect,
That is so proud thy service to despise,
When all my best doth worship thy defect,
Commanded by the motion of thine eyes?

But, love, hate on, for now I know thy mind;
Those that can see thou lovest, and I am blind.

CXLIX

Не говори, что не люблю тебя.
Иль не вдвоем воюем мы со мною?
Иль вовсе и не я, забыв себя,
Готов тебе отдаться всей душою?

Иль подружился с недругом твоим?
Иль похвалил того, кого ругаешь?
Иль я самим собою не гоним,
Когда сердита на меня бываешь?

Иль я своей гордыней обуян
И счел тебе служение позором,
Когда я славлю каждый твой изъян
И помыкаешь мною властным взором?

Но я пребуду нелюбим тобой:
Ты любишь тех, кто зряч, а я слепой.

CL

O, from what power hast thou this powerful might
With insufficiency my heart to sway?
To make me give the lie to my true sight,
And swear that brightness doth not grace the day?

Whence hast thou this becoming of things ill,
That in the very refuse of thy deeds
There is such strength and warrantize of skill
That, in my mind, thy worst all best exceeds?

Who taught thee how to make me love thee more
The more I hear and see just cause of hate?
O, though I love what others do abhor,
With others thou shouldst not abhor my state:

If thy unworthiness raised love in me,
More worthy I to be beloved of thee.

CL

Какой волшбой питаешь мощь такую,
Чтоб я тебе, бессильной, сердце сдал,
Да так, чтоб лгал глазам напропалую
И то, что мир уродлив, утверждал?

Как доброе ты делаешь из злого,
Да так, что в самом смертном из грехов
Мне мнится добродетели основа
И я твой грех превозносить готов?

О как ты преступленьями своими
Крепишь мою любовь день ото дня?
Пусть я люблю презренную другими,
Но с ними ты не презирай меня.

Поскольку я люблю тебя грешащей,
То я твоей любви достоин вящей.

CLI

Love is too young to know what conscience is;
Yet who knows not conscience is born of love?
Then, gentle cheater, urge not my amiss,
Lest guilty of my faults thy sweet self prove:

For, thou betraying me, I do betray
My nobler part to my gross body's treason;
My soul doth tell my body that he may
Triumph in love; flesh stays no father reason;

But, rising at thy name, doth point out thee
As his triumphant prize. Proud of this pride,
He is contented thy poor drudge to be,
To stand in thy affairs, fall by thy side.

No want of conscience hold it that I call
Her 'love' for whose dear love I rise and fall.

CLI

Юна да и бессовестна любовь,
Хоть совесть рождена, как знаем, ею.
Не искушай обманом вновь и вновь,
Чтобы моей вине не стать твоею.

Ведь, преданный тобой, я предаю
Свой дух во власть бессмысленного тела,
Дает он телу грамоту свою
Вершить любовный пир, как захотело.

Твое услышав имя, плоть встает
И на тебя перстом победным кажет,
Поденных не чурается работ:
С тобою постоит - и рядом ляжет.

Сознанья в сей "любви" не наблюдаю,
Но из любви встаю и опадаю.

CLII

In loving thee thou know'st I am forsworn,
But thou art twice forsworn, to me love swearing,
In act thy bed-vow broke and new faith torn,
In vowing new hate after new love bearing.

But why of two oaths' breach do I accuse thee,
When I break twenty? I am perjured most;
For all my vows are oaths but to misuse thee
And all my honest faith in thee is lost,

For I have sworn deep oaths of thy deep kindness,
Oaths of thy love, thy truth, thy constancy,
And, to enlighten thee, gave eyes to blindness,
Or made them swear against the thing they see;

For I have sworn thee fair; more perjured I,
To swear against the truth so foul a lie!

CLII

Любя тебя, я предал, признаю;
Любя меня, ты предала, но дважды:
Нарушив клятву верности свою
И невзлюбив, влюбившись вновь однажды

Ты - дважды, но тебя я предавал
Раз двадцать! О, моя вина огромна -
Тебя я под присягой оболгал
И предал бесконечно вероломно.

Я клялся многократно с давних пор,
Что ты добра, нежна, верна, прекрасна,
И, обеляя, вынуждал свой взор
Ослепнуть иль не видеть беспристрастно.

Я клялся, что чиста душа твоя, -
И против правды лгал так подло я.

CLIII

Cupid laid by his brand, and fell asleep:
A maid of Dian's this advantage found,
And his love-kindling fire did quickly steep
In a cold valley-fountain of that ground;

Which borrow'd from this holy fire of Love
A dateless lively heat, still to endure,
And grew a seething bath, which yet men prove
Against strange maladies a sovereign cure.

But at my mistress' eye Love's brand new-fired,
The boy for trial needs would touch my breast;
I, sick withal, the help of bath desired,
And thither hied, a sad distemper'd guest,

But found no cure: the bath for my help lies
Where Cupid got new fire--my mistress' eyes.

CLIII

Спал Купидон, забыв свои дела.
Одна из дев Дианы из-под бока
Его горящий факел подняла
И погрузила в ключ его жестоко.

Огонь любви взяла в себя вода,
И стал кипящей чашей ключ, а вскоре
Больные стали приходить сюда,
Чтоб излечиться от приставшей хвори.

Свой факел Купидон огнем зажег
Очей моей любимой, а на пробу
Им тронул грудь мне - я и занемог
И тщетно у ключа лечу хворобу,

Но излечусь я лишь в первоогне -
Необходимы очи милой мне.

CLIV

The little Love-god lying once asleep
Laid by his side his heart-inflaming brand,
Whilst many nymphs that vow'd chaste life to keep
Came tripping by; but in her maiden hand

The fairest votary took up that fire
Which many legions of true hearts had warm'd;
And so the general of hot desire
Was sleeping by a virgin hand disarm'd.

This brand she quenched in a cool well by,
Which from Love's fire took heat perpetual,
Growing a bath and healthful remedy
For men diseased; but I, my mistress' thrall,

Came there for cure, and this by that I prove,
Love's fire heats water, water cools not love.

CLIV

Божок любви уснул средь луговины,
Про факел позабыв на время сна.
Его узрели нимфы той долины,
Что соблюдают девственность; одна,

Из посвященных та, что всех затмила,
Решив, что слишком жарко разожжен,
Взяла его и в воду погрузила -
И так был Купидон разоружен.

Источник же, приняв огонь Любови.
Целебным стал, леча любой недуг.
И мне там ванны принимать не внове,
Но вот что вынес я из этих мук:

Любовь хоть греет воду ключевую,
Сама же в ней не стынет ни в какую.

Made in the USA
Las Vegas, NV
12 April 2025

20842102R00174